Mobbing – was tun?

Irmtraud Bräunlich Keller

Mobbing – was tun?

So wehren Sie sich am Arbeitsplatz

Ein Ratgeber aus der Beobachter-Praxis

Beobachter
Ratgeber

Die Autorin
Irmtraud Bräunlich Keller, lic. rer. pol., ist Redaktorin beim Beobachter und in dessen Beratungszentrum für arbeitsrechtliche Fragen zuständig. Sie ist Autorin der Beobachter-Ratgeber «Arbeitsrecht. Vom Vertrag bis zur Kündigung» und «So klappts mit der Lehre. Lehrstellensuche, Rechte am Arbeitsplatz», und ist Koautorin von «OR für den Alltag».

Dank
Folgenden Fachleuten sei vielmals gedankt für interessante Gespräche und wertvolle Informationen: Irene B. Richheimer, Praxis für Unternehmensethik, Metzerlen; Klaus Schiller-Stutz, Fachpsychologe für Psychotherapie FSP, Hedingen; Arthur Grob, Amt für Wirtschaft und Arbeit, Zug; Heinz Hofmann, Mobbing-Zentrale Schweiz, Bolligen; Margot Vanis, Staatssekretariat für Wirtschaft seco, Bern; Christian Pfäffli und Lucien Schoppig, Beratungsstelle help, Basel.

Ein besonderer Dank gebührt zudem Gabriela Baumgartner, Walter Noser und Barblina Töndury vom Beobachter-Beratungszentrum sowie Claudia Stam von der Mobbing-Beratungsstelle Zürich für das kritische Gegenlesen einzelner Kapitel.

Herzlich gedankt sei auch allen Mobbingbetroffenen, die in diesem Buch zu Wort kommen, für ihre Offenheit und ihr Vertrauen.

Beobachter-Buchverlag

www.beobachter.ch

Herausgeber: Der Schweizerische Beobachter, Zürich
Lektorat: Ursula Binggeli, Zürich
Umschlaggestaltung: artimedia.ch (Grafik), Tres Camenzind (Bild)
Satz: Focus Grafik, Zürich

ISBN 3 85569 348 X
ISBN 978 3 85569 348 1

Dieses Buch wurde auf chlor- und säurefreiem Papier gedruckt.

Inhalt

Vorwort

Einst sprach man von Schikanen, von Verdrängungskämpfen, oder es hiess, jemand sei weggeekelt worden. Heute redet man von Mobbing. Als das Phänomen in den 90er-Jahren vermehrt wissenschaftlich untersucht wurde und die Medien das Thema aufzugreifen begannen, wandten sich immer mehr Ratsuchende mit Mobbingproblemen an den Beobachter. Als Beraterin für Arbeitsrecht stiess ich hier rasch an gewisse Grenzen. Wie sollte man diese Schilderungen von gezielter Schikane und Ausgrenzung einordnen? Und inwieweit kann ein Beratungszentrum, das sich auf die Beantwortung von Rechtsfragen des Alltags spezialisiert hat, bei komplizierten zwischenmenschlichen Konflikten überhaupt Hilfestellungen bieten?

Ich beschloss, mich mit der Problematik näher auseinander zu setzen, Literatur und Untersuchungen zu studieren, mit Fachleuten zu reden. Dabei zeigte sich, dass es im deutschsprachigen Raum zwar unzählige Bücher gibt, die das Phänomen Mobbing analysieren und auf eindrückliche Weise das Leiden der Opfer dokumentieren. Handfeste Ratschläge für Betroffene, bezogen auf Schweizer Verhältnisse, gibt es jedoch kaum. So entstand die Idee zu einem Buch, das unter Mobbing leidenden Personen «erste Hilfe» leisten kann.

Der vorliegende Ratgeber will einerseits Betroffene informieren und unterstützen und andrerseits Führungspersonen klar machen, welch zentrale Rolle ihnen bei der Entstehung resp. Verhinderung von Mobbing zukommt. Mobbingprozesse sind allerdings so komplex, dass es keine unfehlbaren Rezepte gibt, wie Betroffene die Situation in den Griff bekommen können. Das Buch zeigt daher auch auf, wo sich professionelle Hilfe finden lässt und worauf zu achten ist, wenn nichts anderes übrig bleibt als die Stelle zu wechseln und sich neu zu orientieren.

Mobbing verursacht nicht nur sehr viel Leid, sondern auch horrende betriebs- und volkswirtschaftliche Kosten. Dass es im Interesse aller liegt, destruktive Vorgänge in der Arbeitswelt zu verhindern und fair und respektvoll miteinander umzugehen, ist die Hauptbotschaft dieses Buches.

Irmtraud Bräunlich Keller
Zürich, im April 2006

1. Was ist Mobbing?

Alle reden davon, viele sind betroffen – Mobbing. Eine Studie zeigt: Jede dreizehnte Person in der Schweiz leidet am Arbeitsplatz darunter. Doch was ist Mobbing überhaupt? Was sind die Ursachen? Und wie können Sie feststellen, ob Sie selbst davon betroffen sind? Ein erster Überblick.

Mobbing – ein Modebegriff und was dahintersteckt

Mobbing ist ein Modewort und – so scheint es – in aller Munde. Gemobbt wird am Arbeitsplatz, in Schulklassen und Vereinen. Von 5000 Ratsuchenden, die sich in rund eineinhalb Jahren mit arbeitsrechtlichen Fragen ans Beobachter-Beratungszentrum wandten, beklagten sich 533 in irgendeiner Form über Mobbing. Das sind über 10 Prozent. Dabei ist die Sachbearbeiterin, die zum wiederholten Male vom Vorgesetzten wegen kleinerer Verfehlungen getadelt wird, ebenso rasch mit Mobbingvorwürfen zur Hand wie der 50-jährige Buchhalter, der nach 26 Dienstjahren vom neuem Chef aus organisatorischen Gründen entlassen wird. Und von Mobbing spricht auch der Informatiker, der trotz mehrfacher schriftlicher Intervention vom ehemaligen Arbeitgeber ein Zeugnis erhält, das er als völlig unzureichend erachtet. In all diesen Fällen kann Mobbing eine Rolle spielen, muss aber nicht. Viel wahrscheinlicher ist, dass es sich um normale Arbeitskonflikte handelt, die mit Mobbing nichts zu tun haben.

Was also ist Mobbing? Das Wort leitet sich aus dem Englischen «to mob» ab und bedeutet «jemanden anpöbeln, über jemanden herfallen». Der Begriff Mobbing wurde in den 70er-Jahren des letzten Jahrhunderts vom Verhaltensforscher Konrad Lorenz für Angriffe verwendet, die Gruppen von Tieren gegen ein einzelnes Tier praktizieren, um es zu verscheuchen. Später wurde das Wort vom deutsch-schwedischen Arbeitspsychologen Heinz Leymann aufgegriffen, der als Begründer der modernen Mobbingforschung gilt (siehe Literaturhinweis im Anhang). Er untersuchte als Erster systematische Vorgänge in der Arbeitswelt, die auf das Schikanieren von Mitarbeitenden hinauslaufen, mit dem Ziel, diese fertig zu machen und schliesslich aus dem Job zu drängen. Geht das Mobbing vom Vorgesetzen aus, spricht man auch von Bossing.

Die Definition der Fachleute

Leymann und nach ihm andere Wissenschaftler haben es unternommen, den Begriff Mobbing zu definieren. Übereinstimmend haben sie festgehalten, dass es sich beim Mobbing um Feindseligkeiten handelt, die über einen längeren Zeitraum hin ausgeübt werden und sich gegen eine bestimmte Person oder Gruppe wenden. Einzelne Vorfälle und Übergriffe sowie Auseinandersetzungen zwischen gleich starken Kontrahenten fallen nicht unter den Begriff Mobbing. Auch das gelegentliche Ausrasten des cholerischen Chefs, das immer wieder mal einen anderen Mitarbeiter trifft, kann nicht als Mobbing bezeichnet werden. Es sind nicht die einzelnen Vorkommnisse, die das Mobbing ausmachen, sondern ihre Gesamtheit – die Summe aller belastenden Handlungen über einen längeren Zeitraum hinweg. Unter Mobbing versteht man somit negative Handlungen und Verhaltensweisen von Personen oder Gruppen,

- die gegen eine bestimmte Person (oder eine Gruppe) gerichtet sind,
- immer wieder, systematisch und absichtlich über einen längeren Zeitraum hinweg vorkommen,
- von der betroffenen Person als feindselig, demütigend oder verletzend erlebt werden,
- und mit denen die betroffene Person nicht aus eigener Kraft fertig wird.

Beispiel *Die 49-jährige Katrin F. arbeitet seit 22 Jahren als geschätzte Fachkraft im selben Betrieb. Doch dann übernimmt ein neuer Chef die Abteilung und beginnt ein Verhältnis mit der jungen Arbeitskollegin. Seither fühlt sich Katrin schikaniert, ausgegrenzt und belächelt. Interessante Arbeiten werden ihr weggenommen und der jungen Kollegin zugeschanzt. Wichtige Informationen werden ihr vorenthalten, sodass ihr immer wieder Fehler unterlaufen. Der Chef hat an allem etwas auszusetzen, und die herablassenden Bemerkungen der Kollegin sind zutiefst verletzend. Nach anderthalb Jahren ist die Frau mit ihren Kräften am Ende, leidet unter Schlaflosigkeit und hat Angst, am Morgen zur Arbeit zu gehen. Schliesslich kündigt sie, ohne zu wissen, ob sie überhaupt die Kraft aufbringen kann, eine neue Stelle zu suchen.*

Die fünf Formen der Schikane

Mobbing kommt in den verschiedensten Formen vor. Im Einzelfall mag es sich um Lappalien handeln, die jedoch, wenn sie häufig und über längere Zeit auftreten, zur unerträglichen Belastung für das Opfer werden. Vor allem in der Anfangsphase können die Betroffenen nur schwer einordnen, ob es sich um Zufälle oder gezielte Attacken handelt. Ausserdem lassen sich Mobber die unterschiedlichsten Gemeinheiten einfallen. Das Geschehen ist somit völlig unberechenbar. Heinz Leymann unterschied fünf Arten von Mobbing-Handlungen:

1. **Angriffe auf die Möglichkeit, sich mitzuteilen:** Nicht ausreden lassen, unterbrechen, anschreien, Informationen vorenthalten oder falsche Informationen weitergeben, «wie Luft behandeln».
2. **Angriffe auf die sozialen Beziehungen:** Allgemeine Kontaktverweigerung, das Opfer wird nicht mehr gegrüsst oder angesprochen, Isolierung des Opfers, eventuell Versetzung an einen abgelegenen Arbeitsplatz.
3. **Angriffe auf das soziale Ansehen:** Lächerlich machen, Gerüchte verbreiten, Sticheleien, Beleidigungen, hinter dem Rücken schlecht machen, öffentliches Blossstellen, preisgeben von vertraulichen Informationen, abschätzige Bemerkungen übers Privatleben oder das Aussehen der gemobbten Person.
4. **Angriffe auf die Qualität der Berufs- oder Lebenssituation:** Schikanöse oder erniedrigende Arbeitszuweisung, ungerechtfertigte Kritik an der Arbeitsweise und Leistung, Entziehen wichtiger Aufgaben.
5. **Angriffe auf die Gesundheit:** Physische Bedrohung, Tätlichkeiten, Arrangieren von Unfällen, sexuelle Belästigung.

Eine Person gilt gemäss Leymann als gemobbt, wenn sie derartige Mobbinghandlungen mindestens einmal in der Woche und seit mindestens einem halben Jahr erlebt (siehe hierzu den Fragebogen auf Seite 26).

Die Wurzeln des Übels

Es gibt Fachleute in spezialisierten Beratungsstellen, die das Wort Mobbing nicht gern verwenden. Denn es tönt nach «Täter» und «Opfer», nach klarer Schuldzuweisung, einem Konzept, das für die Lösung von Konflikten am Arbeitsplatz nicht immer hilfreich ist. Tatsächlich ist die Ursache für Gehässigkeiten und Spannungen am Arbeitsplatz nicht immer einfach bei klar identifizierbaren Bösewichten zu suchen. In der Regel spielen verschiedene Ursachen zusammen.

Ein Sündenbock muss her

Wo verschiedene Menschen gemeinsam in einem Betrieb zusammenarbeiten, gibt es Reibereien, Konflikte, Stress und mitunter auch verbale Entgleisungen und Wutausbrüche. Das ist normal. Wenn die Probleme ernst genommen und aktiv angegangen werden, sind sie in der Regel lösbar. Konflikte, die offen ausgetragen werden, lassen sich bereinigen und können sogar positive Impulse für die weitere Zusammenarbeit im Team oder im ganzen Betrieb liefern. Doch Konflikte am Arbeitsplatz werden häufig als störend empfunden. Die Versuchung ist gross, sie zu verschweigen, zu ignorieren oder von der sachlichen auf die persönliche Ebene zu verschieben. Anstatt das eigentliche Problem direkt anzugehen, ist es einfacher, einen Sündenbock zu wählen und ihm die Verantwortung in die Schuhe zu schieben.

Beispiel *Der Firma X steht eine Umorganisation bevor. Die Aufgaben werden neu verteilt, die Abteilungen umstrukturiert. Zwei Mitarbeitern passen die Änderungen ganz und gar nicht. Sie haben sachliche Bedenken und fürchten auch um die Sicherheit ihrer Arbeitsplätze. Sie äussern ihre Vorbehalte und versuchen mit Gegenkonzepten einige der Neuerungen zu verhindern. Anstatt die Ängste der beiden Opponenten ernst zu nehmen und ihrer Kritik mit sachlichen Argumenten zu begegnen, beginnen die Vorgesetzten einen Kleinkrieg gegen die «Rebellen». Der Geschäftsführer macht sich lustig über sie, bezeichnet sie als «unsere beiden Ewiggestrigen», hetzt die Befürworter der neuen Organisationsstruktur gegen sie auf und stellt die Qualität ihrer Arbeit in Frage. Das eigentliche Problem, die möglichen Schwächen der Neuorganisation, wird nicht thematisiert.*

Ungelöste Probleme und Konflikte

Ursache für Mobbing ist also immer ein ungelöster Konflikt. Dabei gibt es die verschiedensten Auslöser und Spielarten. Hier ein paar Beispiele:

- **Bestimmte Organisationsstrukturen** können Mobbingprozesse begünstigen: mangelnde Kommunikation, ungenaue Pflichtenhefte und Kompetenzverteilung, wenig Handlungsspielraum für den Einzelnen. Undurchsichtige Entscheidungsprozesse fördern die Unzufriedenheit der Mitarbeitenden und bilden daher einen Nährboden für Mobbing.

- **Neid und Eifersucht** auf die Stellung, das Salär oder die vermeintliche Bevorzugung eines Angestellten können zu Mobbing führen, aber auch Konkurrenzsituationen wie das Buhlen um die Gunst des Vorgesetzten oder der Wettbewerb um eine mögliche Beförderung.
- Häufige Mobber sind **inkompetente oder unsichere Chefs**, die sich von besonders fähigen und dynamischen Mitarbeitenden in ihrer Autorität bedroht fühlen. Anstatt die Fähigkeiten dieser Untergebenen gezielt einzusetzen und zu fördern, ziehen sie es vor, deren Ideen abzuwürgen, sie zu bremsen und mit untergeordneten Arbeiten einzudecken.
- Mitunter stimmt einfach die «**Chemie**» zwischen einem Vorgesetzten und seiner Mitarbeiterin nicht. Da der Chef kraft seiner Funktion am längeren Hebel sitzt, hat er es weitgehend in der Hand, die Untergebene mit allerhand Schikanen in die Knie zu zwingen und schlussendlich zu vertreiben. Mobbing – im vorliegenden Fall Bossing – wird damit auch zur Machtdemonstration.
- In allgemeinen **Stress-Situationen**, wenn die Spannungen im Team steigen, sucht man sich oft einen «Blitzableiter». Die Mobber schliessen sich zusammen und ziehen gemeinsam über ihr Opfer her, eine Person, die als schwach oder wenig integriert gilt. Dadurch fühlen sie sich stark und finden ein Ventil für die eigenen Frustrationen. Stehen Entlassungen bevor, kann es zu einem eigentlichen Verdrängungskampf kommen.
- Auch **Führungskräfte können zu Mobbingopfern werden**, wenn sie einer Gruppe vorgesetzt werden, die einen anderen Chef vorgezogen hätte. Vor allem für Untergebene, die selbst mit der Rolle des Vorgesetzten geliebäugelt haben, gibt es zahlreiche Möglichkeiten, dem Neuen in den Rücken zu fallen und seine Vorhaben zu torpedieren.

Achtung *Beim Mobbing geht es nie darum, einen Konflikt zu lösen. Im Gegenteil: Die andere Partei soll niedergemacht und ausgeschaltet werden. Dass diese destruktiven Vorgänge möglich werden, ist nicht nur die Schuld der Mobber selbst. Verantwortung tragen auch jene Kollegen, die schweigend zusehen, sowie die Vorgesetzten, die – obwohl sie es in der Hand hätten – nichts unternehmen, um die üblen Machenschaften zu stoppen.*

Mobbing in der Schweiz – Zahlen, Fakten

In einer vom Staatssekretariat für Wirtschaft (seco) durchgeführten repräsentative Studie über Mobbing in der Schweiz – Titel: «Mobbing und andere psychosoziale Spannungen am Arbeitsplatz» – wurden insgesamt 3220 berufstätige Personen befragt. Sie erhielten einen Fragebogen, der auf der Mobbingdefinition von Heinz Leymann basierte (siehe Seite 14). Das Ergebnis: 245 Personen (7,6 Prozent) erfüllten die Kriterien dieser Definition, obwohl sich nur ein Drittel dieser Personengruppe selbst als Mobbingopfer bezeichnete. Weitere 67 Personen sahen sich ebenfalls als Mobbingopfer, obwohl sie den vorgegebenen Kriterien nicht entsprachen.

Bei all diesen Personen – sowohl bei jenen, die gemäss Definition als Mobbingopfer galten, wie auch bei jenen, die sich selbst als Mobbingopfer betrachteten – ergab die Befragung, dass sie unter signifikant erhöhten gesundheitlichen Problemen litten. Gestützt auf die Studie lässt sich also vermuten, dass in der Schweiz gegen 10 Prozent der Arbeitnehmenden einer psychisch belastenden, die Gesundheit gefährdenden Arbeitssituation ausgesetzt sind.

Wichtigste Erkenntnisse der seco-Studie: Von Mobbing betroffen sind in der Schweiz etwa gleich viel Männer wie Frauen. Bezüglich Alter, Bildung oder beruflicher Position sind keine bedeutenden Unter-

Betriebliche Stellung der «Haupttäter»

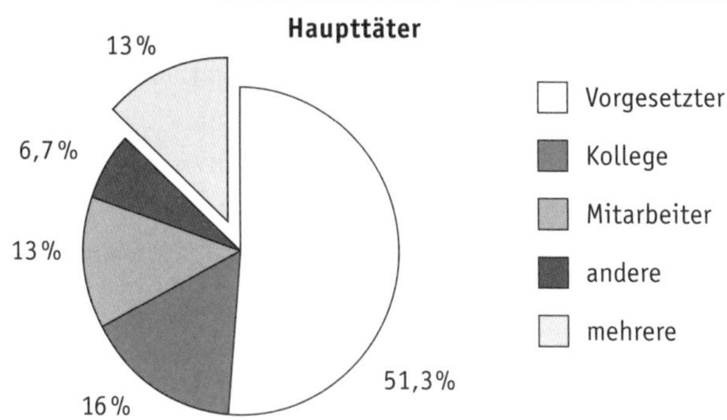

Laut der seco-Studie sind mehr als die Hälfte der Mobber Vorgesetzte.
Quelle: «Mobbing und andere psychosoziale Spannungen am Arbeitsplatz», seco-Studie 2002

schiede vorhanden. Auffallend ist jedoch, dass doppelt so viel Ausländer gemobbt werden wie Schweizer.

Soziale Berufe: erhöhtes Mobbingrisiko

Nennenswerte Branchenunterschiede wurden in der seco-Studie nicht festgestellt. Etwas stärker von Mobbing betroffen sind Gastgewerbe und Gesundheitswesen. Die seco-Studie steht dabei im Gegensatz zu ausländischen Studien, die grosse Branchenunterschiede feststellten. So ergab eine Erhebung in Deutschland, dass im Gesundheits- und Sozialbereich Mobbing siebenmal häufiger vorkommt als in anderen Branchen. Eine Umfrage des Kaufmännischen Verbandes Zürich und des Beobachters ergab auch für die Schweiz, dass Mobbing in öffentlichen Institutionen, Heimen und Spitälern öfter vorkommt als in der Privatwirtschaft.

Stress und Kostenspardruck

Es entspricht übrigens auch den Erfahrungen des Beobachter-Beratungszentrums, dass sich in sozialen Berufen tätige Personen überdurchschnittlich häufig über Mobbing beklagen. Dies hängt wohl damit zusammen, dass Fachleute im Sozialbereich eine menschlich sehr anspruchsvolle Arbeit ausführen und grosse Verantwortung tragen, gleichzeitig aber einem hohen Stress und immer mehr auch einem Kostenspardruck ausgesetzt sind. «Ich hatte eine leitende Pflegeangestellte in der Beratung, die in ihrer Abteilung 16 Vakanzen hat. Wegen Geldmangel und Sparmassnahmen werden diese Stellen aber nicht besetzt», berichtet Christian Pfäffli von der Beratungsstelle «help» in Basel. «Das sorgt für Stress und Druck unter den Mitarbeitenden, der sich in vermehrten Konflikten äussert.»

Bestätigt hat die seco-Studie die massiven negativen Auswirkungen von Mobbing auf die Gesundheit der Betroffenen. Je häufiger, vielfältiger oder andauernder die Mobbinghandlungen sind, desto mehr Gesundheitsbeschwerden sind die Folge.

Tipp *Die Studie des seco über Mobbing in der Schweiz können Sie im Internet einsehen oder bestellen: www.arbeitsbedingungen.ch, Stichworte: Publikationen und Formulare/Studien und Berichte, oder bei der Volltextsuche «Mobbing» eingeben.*

Mobbing ist teuer

Die Schäden, die durch Mobbing verursacht werden, sind enorm. Der Horror für die Betroffenen ist nur die Spitze des Eisberges. Dazu kommen enorme Kosten für die Betriebe, welche Mobbing zulassen, sowie für die gesamte Volkswirtschaft, insbesondere natürlich das Gesundheitswesen.

In den Betrieben, die Mobbing zulassen, verursachen die destruktiven Vorgänge massive Kosten. Von Mobbing Betroffene sind in ihrer Arbeitskraft und Leistungsfähigkeit massiv eingeschränkt. Zudem werden sie häufiger als andere Arbeitnehmer arbeitsunfähig geschrieben und fallen somit immer wieder aus, müssen ersetzt werden und beanspruchen einen Krankenlohn. Aber auch die Mobber leisten keine ganze Arbeit mehr, da sie ja einen Teil ihrer Energie darauf verwenden, neue Intrigen zu planen und durchzuführen. Weitere Arbeitsausfälle entstehen durch Sitzungen, Gespräche, Briefwechsel und andere Massnahmen, mit denen versucht wird, das Mobbingproblem in den Griff zu kriegen. Dazu kommen die Kosten von allfälligen Entlassungen, Neuanstellungen und Umstrukturierungen.

Schon allein aus betriebswirtschaftlichen Überlegungen heraus kann es sich also keine Firma leisten, Mobbingprozesse zu dulden. Enorm ist auch der finanzielle Schaden für die gesamte Volkswirtschaft, wenn Mobbingopfer krank, arbeitslos oder invalid werden und damit die entsprechenden Sozialwerke belasten. Die durch Mobbing verursachten Kosten werden in der Schweiz auf über 4 Milliarden Franken jährlich geschätzt.

Das Opfer und seine Situation

Mobbing kann grundsätzlich jeden und jede treffen. Das typische Mobbingopfer gibt es nicht. Betroffen sind Männer und Frauen jeglichen Alters, unabhängig von ihrem beruflichen Status, ihrem Aussehen und Zivilstand. Mobbing ist kein Frauenproblem, wie häufig vermutet wird. Allerdings wenden sich deutlich mehr Frauen als Männer an spezialisierte Beratungsstellen. Männer neigen eher dazu, ihre Probleme allein lösen zu wollen.

Jeder kann ins Abseits geraten

Es trifft nicht zu, dass nur überempfindliche oder so genannte «geborene Opfer» unter Mobbing leiden. Zwar laufen schwächere Personen, die gewohnt sind, sich zurückzunehmen, und Mühe haben, für ihre Interessen einzutreten, eher Gefahr, gemobbt zu werden. Eine häufige Zielscheibe sind auch Angestellte, die an ihrem Arbeitsplatz schlecht integriert sind. Aber auch selbstbewusste und beruflich erfolgreiche Personen können unter bestimmten Umständen ins Abseits geraten, wie der 47-jährige Walter P. berichtet:

Beispiel *«Ich hatte das Glück, in relativ jungen Jahren meinen Traumjob zu finden und habe dann auch über 20 Jahre im gleichen Betrieb gearbeitet. Leider blieb mir zuletzt nichts anderes übrig als zu gehen. Nie hätte ich gedacht, dass man mir meine Arbeit dermassen vermiesen könnte. Früher war ich ein geschätztes Teammitglied und hatte dank meiner Erfahrung eine Art Sonderstellung inne. Mit den Kollegen verband mich ein freundschaftliches Verhältnis. Doch dann fanden Personalwechsel statt, es wurden jüngere Leute eingestellt, und ich wurde immer mehr zum Aussenseiter. Meine Betriebstreue galt plötzlich als Sesselkleberei und Zeichen mangelnder Dynamik. Bei der Verteilung interessanter Aufgaben wurde ich übergangen. Meine Vorschläge wurden belächelt oder ignoriert. Ich kam mir vor wie eine Altlast, die man notgedrungen mitschleppt. Innert weniger Monate war mein Selbstbewusstsein am Boden, und ich musste die Konsequenzen ziehen, um nicht krank zu werden.»*

Anders als die anderen

Untersuchungen haben gezeigt, dass Personen, die sich in irgendeiner Form von ihren Kolleginnen und Kollegen unterscheiden, eher zu Aussenseitern und Mobbingopfern werden. So werden Behinderte oder Ausländer besonders häufig gemobbt. Die einzige Frau unter lauter Männern ist ebenfalls eine mögliche Zielscheibe. Bekannt wurden sowohl in Deutschland wie in der Schweiz Fälle von Polizistinnen, die von ihren männlichen Kollegen massiv gemobbt wurden (siehe Urteil Seite 186). Auch Homosexuelle werden gemäss Erfahrungen des Beobachter-Beratungszentrums mitunter zur Zielscheibe von Schikanen und

Gehässigkeiten. Anders als die anderen ist aber auch der Ältere unter den Jungen, die besonders Attraktive unter den Durchschnittstypen, der Neue unter den Altgedienten oder der besonders Tüchtige, der den beschaulichen Büroalltag seiner weniger engagierten Kollegen zu stören droht. Häufige Mobbingopfer sind auch Personen, die sich erlaubt haben, auf Missstände innerhalb des Betriebes hinzuweisen, so genannte Whistleblowers. Wie gesagt: Gegen Mobbing ist niemand gefeit.

Das Leiden der Betroffenen

Für die Mobbingopfer werden die feindseligen Angriffe zur unerträglichen Belastung. Der ständige Kleinkrieg zerstört nicht nur ihr Selbstwertgefühl, sondern mit fortschreitender Dauer auch ihre Gesundheit. Da die Mobbinghandlungen keiner vernünftigen Logik folgen, beginnen die Opfer an ihrer Wahrnehmung zu zweifeln und sich selbst zu hinterfragen. Ihre Gedanken kreisen ständig um das Erlebte im verzweifelten Bemühen, die Vorgänge zu verstehen und irgendeine Lösung zu finden. Betroffene bezeichnen den Prozess oft als Spirale, die sich immer weiter nach unten dreht. Sie beklagen sich über ein Gefühl der Ohnmacht und Erniedrigung.

Schlaflosigkeit, Depressionen, Arbeitsunfähigkeit

Je länger das Mobbing andauert, umso häufiger kommt es zu gesundheitlichen Störungen wie Schlaflosigkeit, Kopfschmerzen, Verdauungsstörungen bis hin zu Depressionen, Selbstmordgedanken und völliger Arbeitsunfähigkeit. Doch nicht nur die Gesundheit, sondern auch das familiäre Umfeld und das ganze Beziehungsnetz eines Betroffenen werden durch die Mobbinghandlungen in Mitleidenschaft gezogen. Das ewige Grübeln und Sinnieren rund um die Mobbingerlebnisse wird für das Umfeld des Opfers zur Belastung.

Die Sicht von aussen: Alles nur Einbildung?

Für Mobbingbetroffene ist es schwierig, sich Dritten anzuvertrauen. Da die meisten Vorfälle – isoliert betrachtet – als nicht besonders gravierend erscheinen und erst durch ihre Häufigkeit zum Terror werden, stossen Schilderungen bei unbeteiligten Zuhörern nicht selten auf Unverständnis und Ratlosigkeit. Die Betroffenen haben Mühe, ihr Leiden in Worte zu fassen und den Gesprächspartnern klar zu machen, was abläuft. Für viele Aussenstehende, die selbst noch keine Mobbingerfahrungen gemacht haben, ist auch schlicht unvorstellbar, dass es «so etwas» geben soll. Sie neigen daher dazu, die Schilderungen des Betroffenen in Zweifel zu ziehen oder zumindest als «nicht so schlimm» abzutun.

Viele Mobbingopfer, deren Gedanken ständig um die erlebten Quälereien kreisen, beschweren sich zudem oft auf eine Weise, die auf andere unsympathisch und rechthaberisch wirkt und den Eindruck erweckt, sie seien von ihrem Problem geradezu besessen. Haltungen wie: «Der bildet sich das doch nur ein», oder: «Die ist ja wohl selbst schuld, so wie die redet...» sind dann die unausgesprochenen Reaktionen der Umwelt, welche die Mobbingopfer noch weiter in die Isolation und Verzweiflung treiben. Um diese Abwärtsspirale zu verhindern, ist es wichtig, den Mobbingopfern Gelegenheit zu geben, sich mitzuteilen, und ihnen zuzuhören. Man muss ihnen helfen, ihre Situation in Worte zu fassen, und ihnen zeigen, dass man sie ernst nimmt.

Querulanten haben keine Zweifel

Natürlich gibt es sie, die Überempfindlichen, die überall Feindseligkeiten wittern, die Querulanten, die sich ständig benachteiligt fühlen und mit ihrer Streitsucht jede vernünftige Einigung verhindern, oder die Paranoiker mit ihrem Verfolgungswahn. Sie sind nicht das Thema dieses Buches. Querulanten und Paranoiker haben mit echten Mobbingopfern nichts zu tun, und es wäre verhängnisvoll, wirkliche Betroffene in eine derartige Ecke zu drängen und in Misskredit zu bringen.

Paranoiker unterscheiden sich von echten Opfern «durch die Tonart, in der sie die Beschwerde vorbringen», erklärt die französische Psychotherapeutin Marie-France Hirigoyen in ihrem Buch «Mobbing, wenn der Job zur Hölle wird» (siehe Anhang): «Tatsächliche Opfer seelischer Gewalt äussern Zweifel, fragen sich, ob ihre eigene Handlungsweise immer korrekt war, und suchen nach Lösungen, wie sie ihrer Qual ein Ende setzen könnten... Paranoiker dagegen zweifeln nicht. Sie stellen Behauptungen auf und ergehen sich in Anschuldigungen». Pseudo-Opfer suchten in keiner Weise ein Arrangement – so die Fachfrau.

Ihnen gehe es einzig darum, sich zu rächen oder allenfalls finanzielle Vorteile aus der Situation zu ziehen.

Werde ich gemobbt?

Mobbing wird definiert als systematische, feindselige Handlungen, die über einen längeren Zeitraum hin ausgeübt werden und sich gegen eine bestimmte Person oder Gruppe wenden (siehe Seite 14). Doch was heisst dies in der Praxis ganz konkret? Möglicherweise sind Sie immer noch unsicher, ob Sie die Belastungen, denen Sie am Arbeitsplatz ausgesetzt sind, als Mobbing einstufen müssen oder nicht. Die Checkliste auf Seite 26 soll Ihnen helfen, Ihre Situation besser einzuschätzen. Es handelt sich um die gleichen Fragen, die den Probanden in der Studie des Staatssekretariats für Wirtschaft (seco) gestellt wurden.

Handeln, Hilfe holen

Wenn Sie nach der Lektüre dieses Kapitels zum Schluss kommen, dass Sie von Ihren Vorgesetzten oder Kollegen gemobbt werden, müssen Sie handeln. Es wäre falsch, das Erlebte zu verdrängen oder einfach über sich ergehen zu lassen. In den folgenden Kapiteln dieses Buches erfahren Sie, welche Möglichkeiten und Rechte Sie als Mobbingopfer haben. Wir dürfen uns allerdings nichts vormachen: Patentrezepte gegen Mobbing gibt es nicht. Absichtlicher Bösartigkeit ist nur schwer beizukommen. Es ist gut möglich, dass Sie feststellen, dass Sie allein nichts ausrichten können. Dann sollten Sie lieber früher als später professionelle Hilfe holen. Scheuen Sie sich nicht, qualifizierte Beratungsstellen aufzusuchen. Es ist keine Schande, in einer solchen Situation nicht weiterzuwissen. Auf dem Spiel steht Ihr höchstes Gut: Ihre Gesundheit.

Achtung *Möglicherweise leiden Sie an Ihrem Arbeitsplatz unter Meinungsverschiedenheiten und Konflikten, die nicht als Mobbing gelten können. Auch dann wird Ihnen der eine oder andere Ratschlag in diesem Buch* *sicher nützlich sein (siehe vor allem Kapitel «Mobbing vorbeugen und stoppen»). Nehmen Sie das Wort Mobbing nicht voreilig und leichtfertig in den Mund. Damit leisten Sie sich keinen Dienst, untergraben die Glaubwürdigkeit wirklicher Mobbingopfer und tragen womöglich zu einer unnötigen Verhärtung der Situation bei.*

Bin ich ein Mobbingopfer?

	Ja	Nein
• Werden Sie im Betrieb angeschrien oder laut beschimpft?	❑	❑
• Werden Sie bei mündlichen Ausführungen / Beiträgen absichtlich unterbrochen?	❑	❑
• Werden Sie im Betrieb wie Luft behandelt?	❑	❑
• Wird in Ihrem Betrieb feindselige Stimmung gegen Sie gemacht?	❑	❑
• Werden Sie absichtlich von betrieblichen Feiern und anderen sozialen Anlässen ausgeschlossen?	❑	❑
• Kommt es vor, dass auf Sie nicht reagiert wird, wenn Sie jemanden ansprechen wollen? (Damit ist nicht gemeint, dass jemand nicht Grüezi gesagt hat.)	❑	❑
• Kommt es vor, dass nicht mit Ihnen gesprochen wird?	❑	❑
• Werden Ihre Kontaktversuche mit abwertenden Blicken oder mit negativen Gesten abgeblockt?	❑	❑
• Wird die Zusammenarbeit mit Ihnen verweigert?	❑	❑
• Hat man Sie an einen Arbeitsplatz versetzt, an dem Sie von den anderen isoliert sind?	❑	❑
• Wird an Ihrer Arbeit herumgenörgelt, um Sie zu schikanieren?	❑	❑
• Werden Sie bei Entscheidungen, die Sie persönlich betreffen, übergangen?	❑	❑
• Werden Sie von Kollegen bei Vorgesetzten angeschwärzt?	❑	❑
• Werden Vorschläge, die von Ihnen gemacht werden, grundsätzlich abgelehnt?	❑	❑
• Werden Ihre Arbeitsergebnisse manipuliert oder verfälscht, um Sie zu schikanieren?	❑	❑
• Werden Sie im Betrieb absichtlich falsch oder gar nicht informiert, damit Sie Schwierigkeiten bekommen?	❑	❑
• Werden Sie für Fehler der anderen oder für allgemeine betriebliche Probleme verantwortlich gemacht?	❑	❑

	Ja	Nein
• Wird Ihr Arbeitseinsatz in kränkender Weise beurteilt?	❑	❑
• Werden Ihnen genauste Vorschriften gemacht, wie die einfachsten Arbeiten zu erledigen sind, um Sie zu schikanieren?	❑	❑
• Sind Ihnen wichtige Einfluss- und Tätigkeitsbereiche weggenommen worden?	❑	❑
• Teilt man Sie öfters zu neuen Arbeitsaufgaben ein, ohne dass Sie gefragt werden / ohne dass mit Ihnen gesprochen wird?	❑	❑
• Werden Sie gezwungen, Arbeiten auszuführen, die Ihr Selbstbewusstsein verletzten, z. B. müssen Sie plötzlich die einfachsten Sachen absegnen lassen, sich Briefe korrigieren lassen usw.?	❑	❑
• Werden Sie zu Arbeiten gezwungen, die Ihrer körperlichen Gesundheit erheblich schaden?	❑	❑
• Werden Sie im Betrieb in kränkender Weise lächerlich gemacht, werden Sie z. B imitiert, oder wird über Ihr Aussehen, eine Behinderung usw. gespottet?	❑	❑
• Wird Ihre politische oder religiöse Einstellung in kränkender Weise angegriffen?	❑	❑
• Macht man sich über Ihre Nationalität in kränkender Weise lustig?	❑	❑
• Wird im Betrieb über Ihr Privatleben gespottet?	❑	❑
• Ist Ihnen bekannt, dass hinter Ihrem Rücken in kränkender Weise über Sie gesprochen wird?	❑	❑
• Werden Sie verdächtigt, psychisch krank zu sein, obwohl Sie es nicht sind?	❑	❑
• Wurden Sie von Betriebsangehörigen mündlich oder schriftlich bedroht?	❑	❑
• Sind Ihnen unangenehme verbale sexuelle Angebote gemacht worden oder sind Sie sexuell belästigt worden?	❑	❑

Wenn Sie mehrere dieser Fragen mit Ja beantworten können und Sie die Vorfälle über eine längere Zeit mindestens einmal pro Woche erleben, dann dürfen Sie davon ausgehen, dass Sie gemobbt werden. Allerdings bietet dieser Test nur Anhaltspunkte. Es lassen sich längst nicht alle Spielarten von Mobbing in einem Fragebogen erfassen. Wenden Sie sich im Zweifelsfall an eine spezialisierte Beratungsstelle (siehe Kapitel 5).

2. Mobbingopfer erzählen – vier Erfahrungsberichte

*Laura L.: «Ich hatte das Gefühl:
Ich bin niemand und kann nichts.»*

*Fabian P.: «Ich war nicht bereit,
die ‹Götter› in unserer Firma anzubeten.»*

*Sibylle Z.: «Dass mir so etwas passieren
könnte, hätte ich nie gedacht.»*

*Paul F.: «Am schlimmsten war,
nicht zu verstehen, was geschah.»*

Laura L.: «Ich hatte das Gefühl: Ich bin niemand und kann nichts.»

Laura L. arbeitete 22 Jahre lang in einer sozialen Institution, wo sie sich zur qualifizierten, allseits geschätzten Sachbearbeiterin emporarbeitete. Als sie mit 48 Jahren beschloss, nochmals eine neue Herausforderung anzunehmen, fand sie rasch eine Stelle in der Personalabteilung eines grossen Konzerns. Damit begann eine zwei Jahre lange Leidenszeit.

Es fing schon damit an, dass ich überhaupt nicht eingearbeitet wurde. Man warf mich einfach ins kalte Wasser. Zu Beginn machte ich mir nicht allzu viele Sorgen. Schliesslich war mir das Arbeitsgebiet ja aus meiner bisherigen Tätigkeit vertraut, wenn auch von einer anderen Warte aus. Das Tagesgeschäft sah dann für mich aber doch ziemlich neu aus, und das verunsicherte mich. Diese Unsicherheit nutzten die Kollegen von Anfang an aus; sie stellten sich gegen mich. Ich bekam sofort den Stempel: «Die begreift es nicht, ist viel zu langsam, was macht die überhaupt an dieser Stelle …» Man verbündete sich in der Abteilung sozusagen gegen mich. Drahtzieher waren zwei Herren, die gegen mich intrigierten. Das wirkte sich auch räumlich aus. Als ich einmal in den Ferien war, wurde ich im Grossraumbüro einfach versetzt, ich erhielt einen Platz abseits von den anderen. Begründet wurde dies nicht. Als ich zurückkam, hiess es lediglich: «Du sitzt jetzt dort drüben.»

Es wurden mir auch Informationen vorenthalten und Abläufe nur unvollständig erklärt. Wenn mir Arbeit zugewiesen wurde, dann geschah das mit Bemerkungen wie: «Das können wir ihr wohl geben, das wird sie schon begreifen», und so ähnlich. Es fällt mir schwer, mich an konkrete Einzelheiten zu erinnern. Es war alles ziemlich diffus. Ich konnte erst hinterher erkennen, was da ablief. Ich merkte damals nur, dass mein Selbstbewusstsein völlig zusammenbrach. Ich hatte das Gefühl, ich sei niemand und ich könne nichts. Ich war wie blockiert. Obwohl ich mich wahnsinnig anstrengte und viel arbeitete, kam ich auf keinen grünen Zweig. Wenn ich jemanden um Hilfe bat,

«Man verdrehte die Augen, wenn ich etwas sagte.»

bekam ich sie schon, aber so mit einem Unterton von: «Was, jetzt fragt die immer noch.» Man verdrehte die Augen, wenn ich etwas sagte, liess mich die Geringschätzung spüren.

Ich suchte mehrmals das Gespräch mit meinem Chef. Doch er half mir in keiner Weise. Er ist nicht der Typ, der sich hinstellt und den Tarif durchgibt. Er wich aus, verstand gar nicht, worüber ich mich aufregte. Warum ich zur Zielscheibe wurde? Ich nehme an, ich kam aus einem anderen Umfeld, brachte einen anderen Blickwinkel mit. Ich ging denen wohl grundsätzlich auf die Nerven, so habe ich das empfunden. Ich hätte vorher nie gedacht, dass die Unternehmenskultur einen so grossen Einfluss haben kann. Ich war mir gewöhnt, dass man sich austauscht, dass man alle einbezieht, dass man weiss, was läuft.

Es waren vor allem drei Personen, die sich gegen mich stellten, andere hielten sich eher heraus, intervenierten aber auch nicht zu meinen Gunsten. Ich sprach mit niemanden im Betrieb über meine Probleme, sondern suchte den Fehler bei mir und dachte, ich sei eben nicht gut genug, es müsse alles noch schneller gehen. Wahrscheinlich war das falsch, wahrscheinlich hätte ich einmal sagen müssen: «He hallo, so könnt ihr nicht mit mir umspringen.» Aber dazu war ich schon zwei Monate nach Stellenantritt gar nicht mehr in der Lage. Das ging ganz schnell, man hatte mir quasi den Teppich unter den Füssen weggezogen.

«Ich sprach mit niemandem im Betrieb über meine Probleme, sondern suchte den Fehler bei mir.»

Mit der Zeit beherrschte ich die Arbeit natürlich, aber das wurde überhaupt nicht geschätzt. Ich wurde auch nach Monaten noch behandelt wie eine Anfängerin, die es einfach nicht bringt. Meine Teamkollegin, mit der ich eng zusammenarbeitete, wurde gefördert und gelobt. Sie bekam die interessanten Arbeiten zugeschanzt, während mir das Routinegeschäft blieb. Auf sie könne man sich eben verlassen, während man bei mir da nicht so sicher sei.

Im Grossraumbüro bekommt man alles mit: Wenn ich zum Beispiel jemandem eine Frage beantwortete, kam womöglich von hinten irgendwo der Kommentar: «Ja, wenn das sogar unsere Frau L. weiss …» Wenn ich gut «zwäg» bin und mit beiden Beinen auf dem Boden stehe, dann kann ich mit so etwas umgehen und es vielleicht sogar lustig finden. Aber ich war so klein gemacht worden, dass ich es nicht wegstecken konnte. Mit der Zeit entwickelte ich einen regelrechten Verfolgungswahn, witterte überall irgendetwas. Da ging unheimlich viel Energie drauf. Einerseits musste ich ja die Arbeit recht machen, andererseits hielt ich meine Ohren immer offen, ob wohl wieder jemand etwas auszusetzen habe.

Lange dachte ich mir, jemand müsse doch merken, was da abging. Ich erwartete, dass sich mal jemand hinstellen und sagen würde: «Wir müssen reden, wir haben ein Problem.» Aber nichts passierte. Nach zwei Jahren war mir klar, dass das so nicht weitergehen konnte. Aus meiner früheren sozialen Tätigkeit wusste ich, dass man sich manchmal im Leben Hilfe holen muss. Ich hätte es schon viel früher tun müssen. Ich ging zu einer Psychologin, die mir eine Kollegin empfohlen hatte. Da konnte ich endlich frei über meine Gefühle reden, ohne Angst zu haben, dass jemand meine Worte werten oder falsch auslegen würde. Die Psychologin half mir, mein Selbstbewusstsein wieder aufzubauen. Schon auf die zweite Sitzung hin bekam ich die Aufgabe, einmal aufzuschreiben, was ich eigentlich alles kann.

«Mit der Zeit entwickelte ich einen regelrechten Verfolgungswahn.»

Dank dieser Beratung wurde ich schon nach wenigen Sitzungen wieder ich selber. Ich war ja schon so am Boden gewesen, hatte mich quasi ständig entschuldigt, dass es mich überhaupt gibt, und ebnete dadurch wahrscheinlich erst recht den Boden für weitere Attacken. Mit mir konnte man's halt machen. Aber damit war nun Schluss. Es dauerte zwar eine Weile, aber dann habe ich mein Selbstbewusstsein Schritt für Schritt wieder gefunden. Meine ganze Haltung begann sich zu verändern, mein Auftreten, ich lernte zu kontern und wurde plötzlich auch ganz anders wahrgenommen. Ich habe die Opferrolle abgelegt. Es ist schwierig, diesen Prozess zu beschreiben, aber es ging sukzessive besser.

«Ich lernte zu kontern und wurde plötzlich anders wahrgenommen.»

Ich bin jetzt vier Jahre im Betrieb und fühle mich wohl. Geholfen hat mir auch, dass ich auswärts eine andere Stelle hätte annehmen können, auf die ich mich beworben hatte. Es hat mich gestärkt, dass die mich wollten. Ich hätte an der neuen Stelle aber weniger verdient und entschied mich dann zu bleiben. Ich traute mir nun zu, die Situation zu meistern. Etwa ein Jahr später habe ich während einer Aussprache in einem anderen Zusammenhang erwähnt, dass ich mich ausgegrenzt gefühlt und deshalb psychologische Hilfe in Anspruch genommen hätte. Da waren die anderen dann doch sehr erstaunt und betroffen. Als ich das sagte, ist etwas passiert, man begegnet mir seither mit mehr Respekt.

Ich würde allen, die in einer ähnlichen Situation sind, anraten, professionelle Hilfe zu holen. Ich hätte es allein wohl nie geschafft. Man muss die Möglichkeit haben zu reden, zu erkennen, was abläuft, und welche Rolle man selbst darin spielt. Und dann muss man lernen, damit umzugehen. Geholfen hat mir auch, dass ich im Bekanntenkreis offen reden konnte, dass ich Freunde immer wieder mit meinen Geschichten belästigen durfte. Es ist ganz wichtig, dass man seine Probleme nicht einfach in sich hineinfrisst. Sonst explodiert man irgendwann oder wird ernsthaft krank.

«Ich hätte es allein wohl nie geschafft.»

Fabian P.: «Ich war nicht bereit, die ‹Götter› in unserer Firma anzubeten.»

Fabian P., ETH-Ingenieur, Mitte vierzig, arbeitet als Informatiker. Nach dem Wechsel zu einer mittelgrossen Bank musste er aber schon bald feststellen, dass das Arbeitsverhältnis unter keinem guten Stern stand. Fabian P. wurde nie richtig eingearbeitet und erhielt keine Chance, sich ins Team zu integrieren. Seine Versuche, sich zu wehren, blieben erfolglos.

Ich war schon mehrfach von Mobbing betroffen. Es scheint, dass ich mich als Mobbingopfer eigne. Ich kann mir schon vorstellen warum. Ich bin jemand, der nicht aufs Maul sitzt, der eigene Ideen hat. Ich schaue nicht zuerst, was die anderen denken. Ich sage es, wenn mir etwas nicht passt. Damit komme ich bei einigen Leuten gut an, bei anderen sehr schlecht. Es ist leicht, so jemanden wie mich zum Sündenbock zu machen.

Meine Stelle trat ich in einer Abteilung an, die ein eben neu eingeführtes Computerprogramm entwickelt hatte. Die Nachbarabteilung unterhielt das alte Programm, welches weiter den Hauptteil der Arbeit machte. Etliche Leute verliessen unsere Abteilung. Auch der Abteilungsleiter, der mich eingestellt hatte, wechselte die Stelle nach eineinhalb Monaten und wurde nicht ersetzt. Eingearbeitet wurde ich nicht. Es gab einen externen Projektleiter, der seine eigenen Leute mitbrachte. Diese behandelte er gut, die anderen schikanierte er. Ich wehrte mich gegen ihn, und das war wohl mein erster «Fehler».

Drei Monate nach meinem Stellenantritt fand eine grosse Zusammenkunft statt, wo die schlechte Stimmung zwischen den beiden Abteilungen thematisiert wurde. Ich meldete mich zu Wort und beanstandete, dass wir gar keine richtige Führung hätten. Der Abteilungsleiter war ja gegangen, und der nächst höhere Chef, ein Herr M., hatte sich nie gezeigt. Ich machte den Vorschlag, dass er mehr präsent sein solle. Das scheint mir Herr M. übel genommen zu haben. Seither konnte ich ihm nichts mehr recht machen.

«Ich beanstandete, dass wir keine Führung hätten.»

Nach einem Jahr gelang es mir, mich in einen Bereich versetzen zu lassen, wo ich einen fairen Chef hatte. Dort lief alles so lange gut, bis wir durch eine Reorganisation wieder Herrn M. unterstellt wurden. Von nun an ging es abwärts. Es wurden mir zwei junge Projektleiter vor die Nase gesetzt. Sie besprachen alle wichtigen Dinge bei einer Zigarette in der Raucherecke. Da ich Nichtraucher bin, war ich von wesentlichen Informationen ausgeschlossen, was meine Arbeit natürlich beeinträchtigte. Ich reklamierte und sagte, dass ich so nicht arbeiten könne. Aber das nützte nichts.

Im Frühjahr wurden die Qualifikationsgespräche durchgeführt. Gemäss Reglement müssen die ausgefüllten Beurteilungsblätter dem Mitarbeiter drei Tage vorher abgegeben werden, damit er sich vorbereiten kann. Das wurde bei mir nicht eingehalten. Ich kam nichts ahnend ins Qualigespräch und wurde von einer vernichtenden Beurteilung überrumpelt, ohne jede Vorwarnung. Es kam in dieser Zeit auch zu verschiedenen Vorfällen, wo man mir Fehler, die andere zu verantworten hatten, in die Schuhe schob, oder wo meine Vorgesetzten mir bei der Ausführung eines Auftrages in den Rücken fielen. Wieder erklärte ich meinen Vorgesetzten, dass ich unter solchen Bedingungen meine Arbeit nicht leisten könne. Die Reaktion von Herrn M. war: «Dann werden wir Sie eben eine Zeit lang krankschreiben.» Ich habe dem damals zugestimmt. Heute weiss ich, dass das falsch war. Ich war nicht krank, in meiner Abwesenheit wurde ich schlecht gemacht. Probleme wurden dadurch nicht gelöst.

«Im Qualigespräch wurde ich von einer vernichtenden Beurteilung überrumpelt.»

Nach zwei Monaten kam ich zurück und wurde in eine andere Abteilung versetzt. Das war im Januar 2003. Aber auch dort lief es von Anfang an schlecht. Der Gruppenleiter war ganz offensichtlich über mich «instruiert» worden. Er wies mir einen Platz hinten in einer Ecke des Grossraumbüros zu, mit Blick gegen die Wand, mein Bildschirm von weitem einsehbar. Ich sass bei Leuten, die andere Aufgaben hatten als ich, während vorne die wesentlichen Dinge besprochen und Informationen ausgetauscht wurden. Ich war ausser Hörweite. Bald zeigte sich, dass einige Leute einfach nicht mit mir zusammen arbeiten wollten.

Ich habe eine ausführliche Liste darüber geführt, was alles passierte: Die Kollegen verschwanden oft zum Mittagessen, ohne mich zu informieren; wenn ich selbst zum Mittagessen aufforderte, reagierte keiner. Oder dann suchte ein Kollege Aufgaben für den Lehrling. Ich hätte dessen Unterstützung gut gebrauchen können, da er ja die neusten Techniken gelernt hatte, doch man zog es vor, ihn mit irgendeiner belanglosen Arbeit zu beschäftigen. Oder die Sache mit den Gipfeli: Ich brachte ein paar Mal Gipfeli mit, als versöhnliche Geste. Einige Kollegen nahmen sie von mir nicht an, holten sich aber später selber welche.

Der Ton mir gegenüber war allgemein schnoddrig und überheblich. Ich wurde kaum gegrüsst, dafür aber dauernd überwacht. Äusserungen von mir wurden verdreht und zu meinen Ungunsten ausgelegt. Wenn ich ein Programm nicht freigeben wollte, weil es noch nicht genügend getestet war, hiess es, ich weigere mich, Verantwortung zu übernehmen. Und wenn ich um Unterstützung bat, wurde das als ein Abschieben meiner Probleme auf andere ausgelegt. Ständig wurden mir zudem Aufgaben angehängt, die nicht zu meinem Pflichtenheft gehörten und mich von der Erfüllung der mir gestellten Ziele abhielten. Als ich mich dagegen wehrte, wurde mir Arbeitsverweigerung vorgeworfen.

Solche Dinge standen dann auch in meinen Qualifikationen. Ich akzeptierte das nicht und verfasste schriftliche Stellungnahmen. Das erste Mal wurde mein Chef deswegen fuchsteufelswild: Es gehe hier um eine Fremdbeurteilung. Meine Meinung spiele überhaupt keine Rolle. In späteren Jahren wurden Kommentare der Angestellten dann ausdrücklich zugelassen, doch meine Stellungnahme wurde nur unvollständig dokumentiert. Wie der Zufall so spielt, fehlte die Seite, auf der ich mich über Mobbinghandlungen beschwert hatte, in meiner Personalakte. Wenn ich mit den Vorgesetzten das Gespräch suchte, wichen sie mir aus oder meinten, ich müsse eben zeigen, dass ich gut sei und etwas leiste. Doch das ist bei Mobbing nicht möglich. Alles, was ich an Positivem leistete, wurde ins Negative verdreht.

«Alles, was ich an Positivem leistete, wurde ins Negative verdreht.»

Im Herbst 2004 wurde ich wieder schlecht qualifiziert. Es wurden mir Ziele gesetzt, Termin: 20. Februar 2005. Schon vor diesem Datum belegte ich, dass ich alle Ziele erreicht hatte. Doch meine Belege wurden nicht angenommen oder dann in Zweifel gezogen. Da beschloss ich, in die Höhle des Löwen zu gehen, und verlangte eine Gespräch mit Herrn

M., dem höchsten Vorgesetzten unseres Bereichs. Dreimal wurde der Termin verschoben. Als ich endlich zu ihm vorgelassen wurde, fragte er: «Ja, fühlen Sie sich eigentlich wohl hier? Passen Sie überhaupt in diese Firma?» Ich überlegte mir meine Worte gut und sagte: «Ich passe schon hierher, die Frage ist nur, ob man mich arbeiten lässt.» Das Gespräch führte zu keinem Ergebnis.

Ein paar Wochen danach wurde ich wieder zu Herrn M. zitiert. Im Treppenhaus begegnete ich bereits dem Personalchef und wusste, was es geschlagen hatte. Sie hatten zum Kündigungsgespräch sogar die Sozialberaterin bestellt, damit ich nicht irgendeine Dummheit begehe oder so. Man legte mir einfach das Kündigungsschreiben vor und eine Freistellungsvereinbarung. Immerhin zahlten sie mir noch viereinhalb Monatslöhne anstelle der vertraglichen zwei Monate Kündigungsfrist. Als ich eine Begründung verlangte, hiess es: «ungenügende Arbeitsleistung». Unmittelbar nach dem Gespräch musste ich zusammenpacken, bewacht vom Personalchef.

«Unmittelbar nach dem Kündigungsgespräch musste ich zusammenpacken.»

Mittlerweile bin ich arbeitslos. Auf der Arbeitgeberbescheinigung, die die Bank zuhanden der Arbeitslosenversicherung ausfüllen muss, heisst es, ich hätte selbst gekündigt. Wahrscheinlich ist das einfach Pfusch. Die Bescheinigung selbst musste ich zweimal anmahnen, und ein Abschlusszeugnis habe ich ebenfalls noch nicht bekommen. Gegen die Kündigung habe ich vorsorglich protestiert, aber ich habe keine Lust weiter zu kämpfen, ausser für ein anständiges Zeugnis. Ansonsten will ich mich auf die Zukunft konzentrieren. Was soll ich noch dazu sagen? In dieser Bank gab es ein paar Götter, und ich war nicht bereit, sie anzubeten. Vielleicht sollte ich daraus die Lehre ziehen und an meiner nächsten Stelle mehr kuschen. Aber ich glaube nicht, dass ich das kann.

Sibylle Z.: «Dass mir so etwas passieren könnte, hätte ich nie gedacht.»

Die Berufslaufbahn von Sibylle Z. ist vielseitig: Verkäuferinnenlehre, kaufmännische Weiterbildung, Familienphase mit Teilzeitjobs. Mit bald 40 Jahren trat sie eine Stelle in der Administration eines Gastronomiebetriebs an. Sie liebte ihren Job und übte ihn lange Jahre zu aller Zufriedenheit aus. Dann erhielt sie eine neue Chefin, die sie schon bald zu schikanieren begann.

Die Probleme begannen, als eine neue Chefin die Leitung übernahm. Zuerst hatte sie es gar nicht auf mich abgesehen, sondern auf einen technischen Mitarbeiter, der nach nur knapp sieben Monaten entnervt das Handtuch warf und kündigte. Dann begannen ganz allmählich die Probleme. Ich realisierte lange Zeit nicht, was da ablief. Ich hatte das Wort Mobbing auch schon gehört, aber mich damit nie auseinander gesetzt. Dass mir so etwas passieren könnte, hätte ich nie gedacht. Ich hatte zwar dauernd das Gefühl, dass die Chefin mich schikaniert, aber sie war auch zu anderen unfreundlich.

Das Betriebsklima war geprägt durch Misstrauen und den autoritären Führungsstil der Vorgesetzten. Sie akzeptierte keine andere Meinung als ihre eigene. Wir waren vier fest angestellte und etwa 25 nebenamtliche Mitarbeiterinnen und Mitarbeiter; letztere wurden auf Abruf eingesetzt. Da diese der Chefin ausweichen wollten, kamen sie immer zu mir, wenn es etwas zu besprechen oder einen Dienst zu regeln galt. Auch die Kunden verhandelten lieber mit mir als mit ihr. Das ärgerte die Chefin ungemein, sie fühlte sich von mir in ihrer Autorität bedroht, und so wurde ich immer mehr zur Zielscheibe ihrer Schikanen: Sie begann ständig zu kontrollieren, ob «wirklich alles klappt», und gab mir widersprüchliche Weisungen. Zum Beispiel schärfte sie mir ein, ich dürfe den Kunden bei privaten Anlässen nicht erlauben, ihren eigenen Wein mitzubringen. Sie selber ging dann aber hin und erlaubte es dennoch, und fiel mir so in den Rücken. Sie wollte mir auch verbieten,

«Die Chefin begann mich zu kontrollieren und gab widersprüchliche Weisungen.»

mit nebenamtlichen Mitarbeiterinnen in der Freizeit etwas zu unternehmen.

So richtig aufgehorcht habe ich, als sie mir im Frühling vor drei Jahren, als ich aus den Ferien zurückkehrte, ein Foto zeigte und erklärte, sie habe noch jemanden fürs Büro eingestellt. Ich fiel aus allen Wolken und wollte wissen, wie ich dann auf meine Stunden kommen solle. Ich war ja zu 100 Prozent eingestellt worden. Und tatsächlich kam ich dann nur noch auf etwa 75 Prozent. Ich wehrte mich aber nicht gross, denn bis anhin war mein Pensum stetig gestiegen, und nun hatte ich halt wieder etwas weniger.

Als die Neue dann da war, begann die Chefin Fehler, die diese machte – was für einen Neuling ja normal ist – mir anzuhängen. Wenn ich dann das Dokument sehen wollte und das Datum mit meiner Agenda verglich, musste ich feststellen, dass ich an dem Tag gar nicht gearbeitet hatte. Mit der Zeit konnte ich ihr nichts mehr recht machen. Fragte ich zum Beispiel, ob ich Getränke bestellen solle, hiess es, das sei nicht nötig, es gebe noch genug. Zwei Tage später wurde ich dann beschimpft, weil ich zu wenig bestellt hätte. War ich mit einem Kunden am Telefon, schwatzte sie auf mich ein, wollte selber mit ihm sprechen, stöhnte oder schüttelte den Kopf. Sie übernahm immer mehr von meiner Büroarbeit selber und schickte mich putzen.

> *«Was ich auch machte, ich hätte es anders machen sollen.»*

Was ich auch machte, ich hätte es anders machen sollen. Ging ich an einem Sonntag arbeiten, weil wir einen Spezialanlass hatten, fand sie nachher, das sei nicht nötig gewesen, bei so wenig Umsatz. Ging ich ein anderes Mal nicht hin, bekam ich zu hören: «Warum bist du nicht gekommen? Der Kollege hat sich beklagt, er hätte totalen Stress gehabt, das mache er nicht mehr mit. Wenn der kündigt, dann wehe ...» Es gäbe noch viele Vorfälle zu erzählen, ich habe mir alles aufgeschrieben, insgesamt elf volle Seiten.

Mit der Zeit bekam ich Schlafstörungen, wachte mitten in der Nacht auf und konnte nicht mehr einschlafen. Bei der Arbeit hatte ich zunehmend Mühe, mich zu konzentrieren. Ich kontrollierte alles mehrmals, um nicht den geringsten Fehler zu machen, war voller Selbstzweifel. Ein Arztbesuch ergab, dass ich innerhalb eines halben Jahres 12 Kilo abgenommen hatte.

«Eine Aussprache mit der Chefin war nicht möglich, sie wich mir aus.»

Wie ich auf die Vorfälle reagiert habe? Am Anfang passte ich mich nur immer noch mehr an, je mehr die Chefin mich schikanierte. Ich nahm sie zu Beginn sogar noch in Schutz und sagte anderen, sie meine das nicht so. Das war natürlich ein Fehler, das sehe ich jetzt im Nachhinein. Ich hätte mich wehren sollen. Eine Aussprache mit der Chefin war aber nicht möglich. Sie wich mir aus, hatte keine Zeit oder sagte: «Willst du anfangen zu gifteln»? Ich sprach sie auch mal direkt darauf an, ob sie mich draussen haben wolle, aber sie antwortete mir nicht. Ich hatte auch verschiedene Gespräche mit dem obersten Chef, zum Teil mit meiner Vorgesetzten zusammen. Aber das brachte nicht viel. Einmal war ich drauf und dran, selber zu kündigen. Aber er sagte mir: «Kündige nicht, bleib. Ich schaue schon.» Aber unternommen hat er nichts.

Damals hätte ich einfach gehen sollen. Aber ich liess mich hinhalten, glaubte ihm. Er hatte mit meiner Chefin ein sehr spezielles Verhältnis, begrüsste sie immer herzlich, küsste sie ab, brachte ihr Blumen. Na ja, immerhin wurde schliesslich ein auswärtiger Coach beigezogen, der die Situation analysieren und schlichten sollte. Dieser Mann sagte mir, er würde mich sofort anstellen, ich passe zu 100 Prozent in den Betrieb, ich solle mich in Zukunft mehr wehren. Er legte dann aber sein Mandat relativ rasch nieder, wahrscheinlich weil man seine Empfehlungen nicht befolgen wollte. Den Schlussbericht habe ich nie gesehen.

«Nach 14 Jahren wurde mir aus heiterem Himmel gekündigt.»

Die Geschichte endete damit, dass mir nach 14 Jahren aus heiterem Himmel gekündigt wurde. Das war ein absoluter Hammer. Kurz darauf wurde ich während der Kündigungsfrist von der Arbeit freigestellt. Doch das war noch nicht alles. Ich musste auch noch um meinen Lohn kämpfen. Anstelle des letzten Monatslohnes kam eine Rechnung in Höhe von 6800 Franken für Minusstunden, für die ich nichts konnte, denn es war ja die Chefin, die über meinen Einsatz bestimmte. Zufällig erschien damals im Tages-Anzeiger ein ganzseitiger Bericht über Mobbing. Ich las ihn zweimal durch und dachte mir, das ist ja genau das, was mir auch passiert ist. Erst da begann ich die Vorfälle in einem anderen Licht zu sehen und wandte mich an eine Mobbing-Beratungsstelle, die im Bericht angegeben war. Dort wurde mir bestätigt, dass ich ein klassisches Mobbingopfer sei. Die Beraterin ermutigte mich auch, einen Anwalt zu nehmen, vor Gericht zu gehen und mir meinen Lohn und ein anständiges Zeugnis zu erkämpfen.

Wir überlegten auch, wegen missbräuchlicher Kündigung und Mobbing zu klagen, aber das wollte ich dann doch nicht auf mich nehmen. Das Risiko war zu gross, und ich wollte nicht vier oder fünf Jahre prozessieren und die alten Geschichten ständig aufwärmen. Das hätte ich nicht durchgestanden. Ich war dann 14 Monate arbeitslos, bis ich wieder eine neue Stelle fand. Hier habe ich nun eine sehr liebe Chefin, genau das Gegenteil von der alten. Aber der Wiedereinstieg ist doch nicht ganz so einfach. Ich bin immer noch verunsichert. Ich wollte es zuerst nicht wahrhaben, aber eine solche Erfahrung steckt man nicht so einfach weg. Diese Selbstzweifel kommen immer wieder hoch.

«Der Wiedereinstieg ist nicht einfach, ich bin immer noch verunsichert.»

Paul F.: «Am schlimmsten war, nicht zu verstehen, was geschah.»

Paul F., diplomierter Agronom, arbeitete über 20 Jahre in einer Handelsfirma, etliche davon in leitender Position. Nach einer Fusion verlor der 50-Jährige seine Führungsfunktion und bekam neue Aufgaben zugewiesen. Von da an fühlte er sich von den Vorgesetzten im Stich gelassen, und die Kollegen grenzten ihn aus. Der auf ihm lastende Druck wurde grösser und grösser, bis er fast daran zerbrach.

Mein Traum wäre gewesen, in der Dritten Welt zu arbeiten. Darum studierte ich Landwirtschaft, weil ich dachte, ich würde dies dort brauchen können. Aber es kam anders. Ich fand die Stelle bei der Firma S. als Kundenberater und Verkäufer im Aussendienst. Da hatte ich Erfolg und wurde nach einigen Jahren zum Bereichsleiter befördert, hatte bis 30 Leute unter mir. Eine solche Position war nicht unbedingt mein Wunschtraum, mein Kopf sagte mir jedoch: «Mach das, das ist eine Chance.» Und es lief auch gut, etwa sieben Jahre lang, bis unsere Firma mit ein paar anderen fusionierte.

Wie es bei Fusionen so geht, gab es zu viele Kandidaten für zu wenig Führungsposten. Mir wurde die Leitung eines neuen Bereichs versprochen, der mich sehr interessiert hätte, doch als die neuen Organigramme vorgestellt wurden, war davon keine Rede mehr. Auch andere mussten feststellen, dass gemachte Zusagen plötzlich nicht mehr galten. Ich bekam ein mir unbekanntes Gebiet zugewiesen, behielt aber mein bisheriges Alltagsgeschäft, also Verkauf und Kundenberatung in der Region.

«Meine Aufgabenbereiche wurden ständig geändert, ich fühlte mich als Spielball.»

Hierarchisch war das ein klarer Rückschritt. Ich war plötzlich wieder auf der Stufe meiner ehemaligen Mitarbeiter, auch wenn ich den gleichen Lohn behielt. Zu Beginn machte mir das schon zu schaffen, ich akzeptierte es dann aber relativ rasch, da ich auch Vorteile sah: mehr Zeit für die Familie. Doch von da an lief es nicht mehr gut. Meine Aufgabenbereiche wurden ständig geändert. Ich fühlte mich immer mehr als Spielball. Kaum hatte ich mich irgendwo eingearbeitet, gab es etwas

Neues. Keine Möglichkeit, etwas aufzubauen. Ich sagte damals häufig zu meiner Frau: «Ich fühle mich nicht mehr getragen, habe von meinen Vorgesetzten keine Rückendeckung mehr.» Heute denke ich, dass ich denen wohl einfach zu teuer war. Meine guten Kontakte zu den Kunden, mein riesiges Beziehungsnetz sah man nicht. Es hatte aber auch niemand den Mut, mir offen zu sagen: «Du hast jetzt weniger Verantwortung, also gibt's weniger Lohn.» Das hätte ich schon akzeptieren können.

Auch in meinem neuen Team – fünf bis sechs Leute, meist ehemalige Untergebene von mir – lief es nicht rund. Einerseits sahen sie in mir immer noch den Chef, der alles wissen muss und sich keine Fehler erlauben darf, andererseits begannen einige, die Zusammenarbeit mit mir zu verweigern und mich hinter meinem Rücken schlecht zu machen. Vor allem ein Herr T. war der Drahtzieher. Mit ihm hatte ich schon früher, als ich noch sein Chef war, ein paar Auseinandersetzungen gehabt, die mir damals allerdings als Bagatellen erschienen waren. Er sah jetzt offenbar eine Chance, mir zu schaden. Auch der Sekretär, der für unser Team die Administration machte, wollte plötzlich nicht mehr mit mir zusammenarbeiten, gab mir zum Beispiel wichtige Informationen nicht weiter. Der Mann hatte eine Schlüsselfunktion und konnte mich ganz schön ins Schleudern bringen, wenn er Telefonanrufe nicht weiterleitete oder mich nicht warnte, dass ein Produkt ausgegangen war.

«Im Nachhinein denke ich, dass wohl alle Angst um ihren Job hatten.»

Mit der Zeit begannen immer mehr Leute, auch ausserhalb unseres Teams, mich zu meiden. Wenn ich mit ihnen redete und wissen wollte, was los sei, hiess es immer: «Es gibt keine Probleme, du machst das super.» Aber wenn ich weg war, wurde über mich gelästert. Ich erinnere mich, wie wir uns einmal an den runden Tisch setzten, um diese Probleme zu besprechen. Kaum hatte ich angefangen zu reden, sagte Herr T.: «Dieser Mist, den du da erzählst, interessiert uns nicht.» Er stand auf, knallte die Tür, und weg war er. Im Nachhinein denke ich, dass wohl alle Angst um ihren Job hatten. Wir waren immer noch zu viele Leute, und mich hatte die Geschäftsleitung auf der «Abschussliste». In ihren Augen war ich geschwächt durch den Verlust meiner Chefposition.

Mit meinem direkten Chef kam ich eigentlich gut aus, er lobte mich regelmässig. In unserer Freizeit gingen wir sogar miteinander in die Berge. Aber die Stange halten konnte er mir nicht. Er war ein netter Mensch, aber viel zu schwach, um sich durchzusetzen. Später erfuhr ich, dass auch dieser Chef mich am Schluss bei der Geschäftsleitung schlecht gemacht hatte, während er sich mir gegenüber freundschaftlich verhielt. Dass er sich als falsch erwiesen hat, hat mich besonders niedergedrückt.

Auf mir lastete ein riesiger Druck. Ich versuchte, alles immer noch besser zu machen, noch perfekter. Ich spürte, dass die Firma mich nicht trug, und wollte mit allen Mitteln verhindern, dass man mir leistungsmässig Vorwürfe machen konnte. Mit der Zeit konnte ich nicht mehr schlafen. Ich sah ein, dass diese Stelle nicht mehr das Richtige war für mich, aber ich hatte nicht die Energie, etwas anderes zu suchen. Wir waren damals auch familiär in einer Aufbauphase, die Kinder kamen auf die Welt, auch das brauchte Kraft. Doch eines Abends zog etwas in mir dann einfach die Notbremse. Ich sagte meinem Chef, ich könne hier nicht mehr arbeiten, ich gehe psychisch kaputt. Kurz vorher hatte der Sekretär wieder einmal gesagt, dass er eine bestimmte Aufgabe für mich nicht erledigen wolle. Ich ging zum Hausarzt und liess mir ein Arztzeugnis geben.

«Ich versuchte, alles immer noch besser zu machen, noch perfekter.»

Noch in der gleichen Woche wurde ich in die Zentrale zitiert. Da sass ich dort fünf hohen Bossen gegenüber, die mir in dürren Worten nahe legten, mir doch eine neue Aufgabe zu suchen. Wäre ich nicht krank geschrieben gewesen, hätten sie mir sofort gekündigt. Kein Wort des Dankes oder der guten Wünsche. Über 21 Jahre hatte ich dort verbracht. Später erhielt ich es dann noch schriftlich, dass man mir nach Ablauf der gesetzlichen Sperrfrist kündigen werde und dass ich noch soundso lange den Lohn hätte. Als einzige Begründung, weshalb sie mich nicht mehr wollten, hiess es, ich sei nicht der Verkäufertyp, den sie sich vorstellten.

Ich war völlig am Boden. Etwa sieben Wochen blieb ich zu Hause und hirnte ständig an den gleichen Fragen herum: Warum ist das so gelaufen, wo liegt mein Fehler? Schuldgefühle bauten sich auf. Mein

Selbstbewusstsein sank immer tiefer. Am schlimmsten war dieses Unerklärliche, keine Antwort zu kriegen auf die Fragen, die ständig in meinem Kopf kreisten. Manchmal kommt heute noch der Wunsch hoch, mit diesen Leuten zusammenzusitzen, um endlich zu erfahren, was los war, warum sie sich so verhielten. Der Tiefpunkt war erreicht, als mir eines Tages auf die Frage nach dem «Wie weiter?» nur noch Suizid in den Sinn kam. Aber im gleichen Atemzug begann der Aufschwung. Mir wurde klar, dass ich mir nicht das Leben nehmen wollte. Ich dachte an meine Familie, die vier Kinder, und wusste: Jetzt muss etwas geschehen. Meine Hausärztin wollte mich in eine psychiatrische Klinik schicken, doch dagegen bäumte ich mich auf. Ich weigerte mich auch, Medikamente zu schlucken. Da schlug sie mir eine anthroposophische Klinik vor. Dort verbrachte ich dann einen Monat.

«Ich dachte an meine Familie und wusste: Jetzt muss etwas geschehen.»

Diese Klinik war das beste, was mir passieren konnte. Anthroposophie war mir bisher nicht bekannt gewesen, und ich war zuerst eher skeptisch. Aber es gab für mich keine Alternative mehr, und so machte ich alle Therapien mit. Meine einzige Bedingung war, dass ich täglich in der Natur laufen gehen konnte. Das hat mir alles riesig geholfen. Nach diesem Monat war ich soweit «aufgepäppelt», dass ich mich auf die Stellensuche machen konnte. Ich hatte Glück und fand nach wenigen Monaten wieder Arbeit. Heute habe ich zwei Teilzeitstellen. Einen Tag bin ich zu Hause bei den Kindern, sodass auch meine Frau wieder arbeiten gehen kann.

Jetzt, nach vier Jahren, sind die Wunden gut verheilt, aber sie sind leicht aufkratzbar. Vor allem im ersten Jahr brauchte es nicht viel, dass alles wieder hochkam. Etwa zwei Jahre lang gab es keinen Tag, an dem ich nicht irgendwann an die Mobbingerlebnisse denken musste. Auch als ich schon wieder arbeitete, kam manchmal die Angst hoch vor dem erneuten Absturz. Da muss man sich viel Zeit lassen. Heute habe ich diese Probleme nicht mehr.

«Die Wunden sind gut verheilt, aber leicht aufkratzbar.»

Ich weiss nicht, ob ich aus eigener Kraft wieder auf die Beine gekommen wäre. Es ist ganz wichtig, dass man in solchen Situationen professionelle Hilfe holt und sie auch annimmt, auch wenn sich alles in einem dagegen sträubt. Ich habe übrigens parallel zu meinem beruflichen Wiedereinstieg noch eine Gesprächstherapie besucht, bis ich spürte: Jetzt brauche ich sie nicht mehr. Das war vor ungefähr einem Jahr. Diese Form von Nachbetreuung ist wichtig, ich würde sie allen empfehlen, die Mobbing erlebt haben. Geholfen hat mir auch, dass ich ein stabiles Umfeld, eine Familie, Geschwister und gute Freunde habe, wo ich mich jederzeit aussprechen konnte und mich geborgen fühlte. Ich blieb auch meinen Hobbys treu. Man darf sich in solchen Situationen nicht verkriechen. Es ist ganz wichtig, dass man einen Ort hat, wo man mitgetragen wird und Last abladen kann. Meine Familie hat mir diese Stütze immer gegeben, dafür werde ich ihr stets dankbar sein.

«Man darf sich in solchen Situationen nicht verkriechen.»

3. Mobbing vorbeugen und stoppen

Wer sich gegen Mobbing zur Wehr setzen will, muss dies rasch tun. Je länger die Schikanen andauern, umso schwieriger wird es für das Opfer, aus eigener Kraft gegen die Mobber vorzugehen. Warten Sie nicht zu, sondern handeln Sie. Analysieren Sie Ihre Situation, planen Sie Ihr Vorgehen, suchen Sie Unterstützung.

Wehret den Anfängen

Viele Mobbingopfer warten zu lange, bevor sie etwas unternehmen. Das ist kein Wunder, denn Mobbingprozesse beginnen meist schleichend. Die französische Psychoanalytikerin Marie-France Hirigoyen nennt Mobbing «eine Gewalt der kleinen Treffer. Man sieht sie nicht und dennoch wirken sie ungemein zerstörerisch. Jeder Angriff für sich betrachtet ist eigentlich nicht schlimm – was die Gewalt ausmacht, ist die Häufung der winzigen Traumata.»

Wenn Mobbingopfer realisieren, was mit ihnen geschieht, sind sie oft bereits ausserstande, angemessen zu reagieren. Ihr Selbstbewusstsein ist am Boden, die Gesundheit angeschlagen. Fachleute betonen übereinstimmend: Ist der Mobbingprozess einmal richtig angelaufen, wird es für das Opfer äusserst schwierig, sich aus eigener Kraft daraus zu befreien. Denn jede Äusserung, jedes Bemühen um Verständigung kann von den Mobbern verdreht und zu Ungunsten des Opfers ausgelegt werden. Gegen wirkliche Bosheit ist kein Kraut gewachsen.

In der Anfangsphase eines Konflikts gibt es aber durchaus Massnahmen, die Sie ergreifen können, um das Entstehen von Mobbing zu verhindern und Auseinandersetzungen konstruktiv beizulegen, bevor eine zerstörerische Dynamik entsteht, die sich kaum mehr stoppen lässt. Die folgenden Tipps sollen Ihnen helfen, die Situation richtig einzuschätzen und erste Massnahmen zu ergreifen. Patentrezepte gibt es nicht. Suchen Sie sich diejenigen Ratschläge heraus, die der Situation und Ihrer Persönlichkeit entsprechen.

Achtung *Holen Sie unbedingt professionelle Hilfe, wenn Sie merken, dass Sie allein nicht weiter kommen, wenn Sie das Gefühl haben, immer wieder in ähnliche Situationen zu geraten und gesundheitliche Probleme bekommen. Wenden Sie sich an Ihre Hausärztin, einen Psychologen, eine Beratungsstelle (siehe Kapitel 5).*

So können Sie vorbeugen

Unsere Arbeitswelt ist kälter und leistungsorientierter geworden. Kein Arbeitsplatz ist mehr sicher. Was zählt, ist die Arbeitskraft, nicht der

Mensch. Stress und Leistungsdruck, aber auch die im modernen Büroalltag übliche E-Mail-Kultur erschweren es, die Arbeitskollegen richtig kennen zu lernen. Anstatt die Kollegin oder den Vorgesetzten an ihren Arbeitsplätzen aufzusuchen und die anfallenden Geschäfte im persönlichen Gespräch zu erörtern, werden kurze Infos und Weisungen per Mail verschickt. Die heute weit verbreiteten Grossraumbüros sind für persönliche Gespräche nicht gerade förderlich, da jeder alles mitbekommt, und Sitzungen sind ohnehin meist keine Musterbeispiele für gelungene zwischenmenschliche Kommunikation.

Pflegen Sie den Teamgeist

Versuchen Sie, Gegensteuer zu geben. Suchen Sie den persönlichen Kontakt, gerade auch mit Personen, die Ihnen nicht auf den ersten Blick sympathisch sind. Schaffen Sie Situationen, wo Nähe und Austausch möglich sind («Wollen wir das Konzept nicht in Ruhe bei einer Tasse Kaffee besprechen?»). Interessieren Sie sich für die Leute in Ihrer Firma, stellen Sie ihnen Fragen und hören Sie ihnen zu. Helfen Sie neuen Mitarbeitenden bei der Einarbeitung. Sprechen Sie auch mal ein Lob aus für gute Diskussionsbeiträge oder Arbeitsergebnisse. Ehrlich gemeinte Wertschätzung wirkt Wunder und ist in unserer Arbeitswelt viel zu selten. Nutzen Sie gesellige Veranstaltungen, Mittagessen und Kaffeepausen, um auch einmal ein privates Wort zu wechseln.

Wenn Sie grundsätzlich positiv auf Ihre Kolleginnen und Kollegen zugehen, wird es Ihnen auch leichter fallen, Konflikte offen anzusprechen oder gelegentlich eine eigene Schwäche einzugestehen. Sie müssen mit Ihren Kollegen keine innige Freundschaft schliessen. Gute Kontakte sind jedoch wertvoll und bereichern die Zusammenarbeit. Wer dazu gehört, wird weniger ausgegrenzt oder findet im Konfliktfall eher Verbündete. Eine gute Integration ins Team ist das beste Mittel, allfälligen Mobbinghandlungen vorzubeugen.

Hinweis *Fühlen Sie sich mitverantwortlich für eine gutes Arbeitsklima und eine konstruktive Zusammenarbeit. Schauen Sie nicht weg, wenn anderen Unrecht geschieht oder sich ein Kollege unangemessen verhält. Verhalten Sie sich solidarisch mit Ihren Teamkollegen. Gemeinsam ist man stärker.*

Halten Sie sich fit für den Arbeitsmarkt

Personen, die das Gefühl haben, dringend auf ihren Arbeitsplatz angewiesen zu sein, und befürchten, keine neue Stelle zu finden, sind bei Mobbing besonders gefährdet. Halten Sie daher Ihre beruflichen Kenntnisse à jour und sorgen Sie mit regelmässiger Weiterbildung dafür, dass Sie auf dem Arbeitsmarkt attraktiv bleiben. Zeigen Sie sich flexibel, interessieren Sie sich für neue Projekte in Ihrer Firma und wehren Sie sich nicht gegen Veränderungen: Neuerungen können auch Chancen bieten. Wenn Sie schon längere Zeit an der gleichen Stelle sind, lohnt es sich, ab und zu ein paar Bewerbungen zu starten, um den eigenen Marktwert zu testen und bewerbungstechnisch nicht aus der Übung zu kommen. Personen, die wissen, was sie wert sind, treten automatisch selbstbewusster auf und können sich einem unguten Arbeitsklima notfalls durch einen raschen Stellenwechsel entziehen.

Hinweis *Pflegen Sie Ihr Netzwerk (Studienkollegen, Kunden, Geschäftspartner, Kontakte an Messen und Tagungen). Gute Beziehungen sind Gold wert, wenn es gilt, sich neu zu orientieren. Treten Sie Ihrer Gewerkschaft oder Ihrem Berufsverband bei. Sie bieten günstige Weiterbildung und kostenlose Unterstützung bei Konflikten mit dem Arbeitgeber.*

Verlangen Sie Zwischenzeugnisse

Mobbing entsteht häufig als Folge von Chefwechseln, Umstrukturierungen und Neuorganisationen. Verlangen Sie jeweils ein Zwischenzeugnis, wenn der bisherige Chef geht oder bevor Sie in eine andere Abteilung versetzt werden. Achten Sie generell darauf, dass in regelmässigen Abständen Qualifikationsgespräche durchgeführt und die Ergebnisse schriftlich festgehalten werden. Sie können solche Gespräche auch verlangen, wenn sie in Ihrem Betrieb nicht üblich sein sollten. Falls ein neuer Vorgesetzter plötzlich kein gutes Haar mehr an Ihnen lässt, sind diese Papiere wichtige Leistungsausweise. Zwischenzeugnisse sind ausserdem nützlich bei einer allfälligen Stellensuche.

Schaffen Sie sich einen Ausgleich zum Berufsleben

Sorgen Sie dafür, dass der Beruf für Sie nicht zum alleinigen Lebensinhalt wird. Achten Sie auf eine gesunde Balance zwischen Erwerbs-

und Privatleben. Pflegen Sie Ihren Freundeskreis und verschaffen Sie sich Erfolgserlebnisse und Abwechslung durch Hobbys, Sport oder Vereinsarbeit. Konflikte am Arbeitsplatz lassen sich einfacher durchstehen, wenn der Beruf nicht der einzige Lebensmittelpunkt ist und man auch ausserhalb des Betriebes Anerkennung und Rückhalt findet.

Tipp *Suchen Sie nach Möglichkeiten, ungesunden Stress am Arbeitsplatz zu reduzieren. Wertvolle Infos zur Stressreduktion und -prävention finden Sie im Internet unter www.stress-info.ch und www.stressnostress.ch.*

Beachten Sie frühe Warnsignale

Mobbing läuft in Phasen ab. In der Fachliteratur ist von vier bis sechs Etappen der Eskalation die Rede. In groben Zügen lässt sich der Ablauf folgendermassen schildern:

- Am Anfang stehen jeweils alltägliche Konflikte und Auseinandersetzungen, die nicht gelöst werden können und damit zum Wegbereiter des eigentlichen Mobbings werden, das sich dann gezielt gegen eine Person oder Gruppe richtet.
- Im weiteren Verlauf hat es der Arbeitgeber in der Hand, den Mobbingprozess entweder zu stoppen oder die Ausgrenzung der betroffenen Person sozusagen «offiziell» zu machen, indem er sie isoliert, abqualifiziert, gegen ihren Willen versetzt oder mit Kündigung bedroht. In dieser Phase kommt es auch zu Rechtsbrüchen, etwa Zuweisung einer vertraglich nicht vorgesehenen Arbeit oder Verletzung der Persönlichkeitsrechte.
- Am Ende eines «erfolgreichen» Mobbings steht jeweils der Ausschluss des Opfers, sei es durch Kündigung, langfristige Krankschreibung oder vorzeitige Pensionierung. Nicht selten ist der Ausschluss aus der Berufswelt definitiv, da die betroffene Person psychisch oder körperlich nicht mehr in der Lage ist, an einem neuen Arbeitsplatz Fuss zu fassen.

Vertrauen Sie Ihrer Wahrnehmung

Mobbingopfer betonen regelmässig, sie hätten lange gar nicht realisiert, was da gespielt wurde. Sie glauben an Zufälle oder denken, sie würden überreagieren. Sie beginnen an sich selbst zu zweifeln. Viele neigen dazu, ihren Ärger und Frust über die Attacken herunterzuschlucken und tapfer weiterzumachen. Genau dies ist jedoch verhängnisvoll. Je früher man die Konflikte erkennt und offen angeht, umso eher kann man Mobbing vermeiden oder stoppen. Achten Sie daher auf frühe Warnsignale wie kleine Ungereimtheiten, spitze Bemerkungen, das Vorenthalten von Informationen, ein allgemein frostiges Verhalten Ihnen gegenüber.

Was geht an meinem Arbeitsplatz vor?

Beantworten Sie für sich die folgenden Fragen und schreiben Sie das Wichtigste auf:

- Was genau stört Sie an der jetzigen Situation?
- Welche Person macht Ihnen das Leben schwer? Sind es mehrere?
- Welches Verhalten (möglichst konkret) der Kollegen / Vorgesetzten empfinden Sie als belastend, schikanös, ungerecht, feindselig? Worunter leiden Sie besonders?
- Überprüfen Sie, ob Sie wirklich gemobbt werden. Beachten Sie hierzu auch die Checkliste auf Seite 26.
- Wie ist die Rolle der anderen Kollegen? Wer schaut zu, wer macht mit? Prüfen Sie, ob Sie Verbündete haben.
- Schlüpfen Sie in die Rolle des unbeteiligten Dritten und versuchen Sie, die Situation von aussen zu betrachten.
- Erzählen Sie vertrauten Personen aus dem Bekanntenkreis Ihre Erlebnisse so, als würden diese jemand anderen betreffen. Schauen Ihre Bekannten den Fall auch als Mobbing an?
- Wann haben die Schikanen begonnen? Gibt es einen konkreten Auslöser, wie etwa Umorganisation, Personalabbau? Was könnte sonst die Ursache sein?
- Haben Sie einen neuen Chef, dem Sie einfach nichts recht machen können? Könnte es sein, dass er Sie als Bedrohung für seine Autorität erlebt?
- Sehen Sie mögliche Lösungen für die gegenwärtige Situation? Klärende Gespräche? Einen Bürotausch oder eine Versetzung in eine andere Abteilung? Stellensuche?
- Gibt es jemanden im Betrieb, an den Sie sich wenden könnten – den nächst höheren Vorgesetzten, den Sozialdienst, die Personalvertretung?
- Was ist jetzt Ihr nächster Schritt?

Vertrauen Sie Ihrer Wahrnehmung, sprechen Sie die Probleme an. Grübeln Sie nicht nächtelang darüber, weshalb sich der Kollege plötzlich so anders verhält, sondern fragen Sie ihn einfach. Möglicherweise ist alles ein Missverständnis oder Ihr Widersacher hat zurzeit gerade familiäre Probleme und ist deshalb in gereizter Stimmung. Erfahrungen zeigen, dass viele Täter sich gar nicht bewusst sind, was sie mit ihren dummen Sprüchen oder Hänseleien anrichten. Wenn Sie der Person in einem ruhigen, sachlichen Gespräch klar machen, was ihr Verhalten bei Ihnen auslöst, können Sie die Situation unter Umständen rasch und gütlich bereinigen. Und selbst wenn tatsächlich böse Absicht dahinter steckt: Wenn Sie von Anfang «Mit mir nicht!» signalisieren, werden Angreifer eventuell aufgeben und Sie in Ruhe lassen.

Analysieren Sie die Situation

Spannungen, Konflikte und Reibereien gehören zum Arbeitsalltag und lassen sich in der Regel mit etwas gutem Willen auch wieder beilegen. Bedenken Sie, dass es neben Mobbing auch ganz «normale» Unstimmigkeiten am Arbeitsplatz gibt. Wenn die Spannungen jedoch das übliche Mass übersteigen und Sie darunter zu leiden beginnen, sollten Sie sich die Zeit nehmen, die Situation in aller Ruhe zu analysieren, zum Beispiel an einem Wochenende.

Wichtig ist: Stützen Sie sich bei Ihrer Analyse der Probleme auf Fakten und Tatsachen. Unterscheiden Sie zwischen dem, was wirklich geschieht, und Ihren Interpretationen. Arbeiten Sie nicht mit Thesen und Vermutungen, was die Motive anderer Leute betrifft. Werten Sie nicht stillschweigend deren Verhalten, sondern sprechen Sie sie darauf an. Wie es einem gehen kann, wenn man versucht, das Verhalten anderer Leute zu interpretieren, schildert der in Österreich geborene Psychotherapeut und Kommunikationswissenschafter Paul Watzlawick in seinem Buch «Anleitung zum Unglücklichsein» (© Piper Verlag GmbH, München 1983) in einem wunderbaren Beispiel:

Ein Mann will ein Bild aufhängen. Den Nagel hat er, nicht aber den Hammer. Der Nachbar hat einen. Also beschliesst unser Mann, hinüberzugehen und ihn auszuborgen. Doch da kommt ihm ein Zweifel: Was, wenn der Nachbar mir den Hammer nicht leihen will? Gestern schon grüsste er mich nur so flüchtig. Vielleicht war er in Eile. Aber vielleicht war die Eile nur vorgeschützt, und er hat etwas gegen mich. Und was? Ich habe ihm nichts angetan; der bildet sich da etwas ein. Wenn jemand von mir ein Werkzeug borgen wollte, ich gäbe es ihm sofort. Und warum er nicht? Wie kann man einem Mitmenschen einen so einfachen Gefallen abschlagen? Leute wie dieser Kerl vergiften einem das Leben. Und dann bildet er sich noch ein, ich sei auf ihn angewiesen. Bloss weil er einen Hammer hat. Jetzt reicht's mir wirklich. – Und so stürmt er hinüber, läutet, der Nachbar öffnet, doch bevor er «Guten Tag» sagen kann, schreit ihn unser Mann an: «Behalten Sie sich Ihren Hammer, Sie Rüpel!»

Führen Sie ein Tagebuch

Mobbing besteht aus vielen Einzelhandlungen. Es ist daher kaum möglich, die verschiedenen Attacken und Ungereimtheiten in Erinnerung zu behalten. Schreiben Sie alles auf, was passiert: Ort, Datum, Zeit, Art der Handlung, Täter, etc. Vermerken Sie auch, wenn nichts geschieht, oder wenn die Personen, die Sie plagen, krank oder in den Ferien sind. Sie können dafür eine Agenda benutzen, in der es an jedem Tag genügend Platz für Notizen gibt. Oder Sie erstellen selber ein Mobbingtagebuch (siehe gegenüberliegende Seite). Sammeln Sie alle schriftlichen Belege, die für Ihre gegenwärtige Situation wesentlich sind: E-Mails, Protokolle, schriftliche Weisungen, anonyme Botschaften etc. Achten Sie darauf, dass Ihre Aufzeichnungen wirklich vollständig sind.

Das Führen eines Tagebuchs ist aufwändig und erfordert Disziplin. Tun Sie es trotzdem. Es braucht ja kein literarisches Meisterwerk zu sein. Aussagekräftige Stichworte genügen. Lassen Sie wenn möglich allfällige Zeugen die Vorfälle durch Unterschrift bestätigen. Die Aufzeichnungen helfen Ihnen, den Überblick zu behalten und Ihre Gedanken zu ordnen. Ausserdem sind sie ein wichtiges Beweismittel für Gespräche mit den Widersachern und/oder Vorgesetzten. Auch wenn Sie rechtliche Schritte ins Auge fassen (siehe nächstes Kapitel) ist es unerlässlich, dass Sie belegen können, was wann wo wie abgelaufen ist.

Achtung *Wählen Sie am besten ein gebundenes Notizbuch als Tagebuch. Wenn Sie lose Blätter in einem Ordner ablegen, könnte man Ihnen unterstellen, Sie hätten nachträglich etwas hinzugefügt oder abgeändert.*

Mobbingtagebuch – das Muster

Datum / Uhrzeit	Vorfall	Meine Reaktion	Zeugen / Beweismittel	Bemerkungen
12.6. 9.30	S. verlangt Akte von mir, finde sie nicht. Nach meiner Pause steht S. neben meinem Pult, zieht Akte unter einem Stapel hervor, schimpft wegen meiner Sauordnung und Unzuverlässigkeit (S. hat sie offensichtlich in der Pause bei mir versteckt).	Völlig perplex, bevor ich etwas sagen kann, ist S. laut schimpfend verschwunden.	F. hat gesehen, wie ich vorher genau unter dem Stapel erfolglos gesucht habe. Wäre bereit, das zu bestätigen.	A. + B. haben während S. Schimpferei blöd gekichert.
14.6. 16.15	……..			
15.6. 8.00	……..			
21.6. 12.15	……..			

Achten Sie auf den Informationsfluss

Die wichtige Sitzung findet ohne Sie statt, da man «vergessen» hat, Sie zu informieren. Ihre Berechnungen sind fehlerhaft, weil man Ihnen die neusten Zahlen vorenthält. Die interessantesten Aufgaben, die eigentlich in Ihr Ressort fallen, übernehmen andere. Man hat Sie einfach übergangen. – Das Zurückhalten von Informationen oder Liefern von falschen und unvollständigen Informationen ist eine der perfidesten Arten, jemanden zu mobben. Die Betroffenen sind nicht mehr auf dem Laufenden, machen Fehler, wirken inkompetent und werden so langsam, aber sicher ins Abseits manövriert. Achten Sie daher besonders auf den Informationsfluss und werden Sie aktiv:

- Wenn Sie feststellen, dass wichtige Informationen nicht mehr oder verspätet zu Ihnen gelangen, sollten Sie umgehend handeln.
- Notieren Sie sich die einzelnen Vorfälle in Ihrem Mobbingtagebuch und versuchen Sie abzuklären, wie es zu den Informationspannen kommen konnte.
- Verfassen Sie ein Mail ans ganze Team inklusive Vorgesetzte, worin Sie auf die Versäumnisse aufmerksam machen und auf die möglichen Folgen fehlender Informationen für die ganze Abteilung hinweisen.
- Unterbreiten Sie Vorschläge, wie der Informationsfluss besser organisiert werden könnte und wie Pannen in Zukunft vermieden werden können.
- Achten Sie darauf, dass Sie auf den wichtigsten Verteilern aufgeführt sind, und fragen Sie häufig nach, wenn Sie bestimmte Unterlagen erwarten oder wenn entscheidende Termine anstehen.
- Sprechen Sie es an Sitzungen sofort an, wenn Sie merken, dass die anderen von Dingen reden, über die man Sie ganz offensichtlich nicht informiert hat.

Hinweis *Behandeln Sie Vorfälle dieser Art zunächst so, als würde es sich um Missverständnisse oder Irrtümer handeln. Wiederholen sie sich, und sind Sie sicher, dass böse Absicht dahintersteckt, bleibt nichts anderes übrig, als die Übeltäter zur Rede zu stellen und sich notfalls an den Vorgesetzten zu wenden (siehe Seite 61).*

Nehmen Sie die eigene Rolle unter die Lupe

Wenn Sie sich mit Ihrer Situation auseinander setzen, werden Sie nicht darum herumkommen, auch Ihre eigene Rolle, die Sie im gegenwärtigen Konflikt spielen, kritisch zu hinterfragen. Eine gute Selbstwahrnehmung hilft Ihnen zu verstehen, was abläuft, und passende Massnahmen zu ergreifen. Liegt es eventuell auch an Ihrem Verhalten oder Ihrer Ausstrahlung, dass gerade Sie zum Angriffsziel wurden? Haben Sie jemanden verärgert, ohne es zu merken? Wissen Sie, wie Sie auf andere wirken und wie Sie von anderen eingeschätzt werden? Das Bild, das Sie von sich selbst haben, muss nicht unbedingt mit dem übereinstimmen, was andere von Ihnen denken.

Bitten Sie gute Bekannte, eventuell auch aussenstehende Fachleute, um ein Feedback. Sie sollen Ihnen sagen, wie Sie sie in bestimmten Situationen – beispielsweise in Stresssituationen – beschreiben würden. Überprüfen Sie auch Ihre Stellung im Team. Fühlten Sie sich bisher gut integriert? Was genau könnte es sein, das Sie zum Aussenseiter macht? Haben Sie sich an dieser Stelle überhaupt je wirklich wohl gefühlt? All diese Fragen sollten Sie sich in Ruhe stellen. Überlegen Sie sich mögliche Konsequenzen und wie Sie allenfalls Ihr eigenes Verhalten oder Ihre Rolle im Team verändern können.

Achtung *Beim Hinterfragen der eigenen Rolle geht es keinesfalls um Schuldzuweisungen. Selbst wenn Sie Fehler gemacht haben oder Schwächen aufweisen (wie jeder andere Mensch auch), haben Sie es nicht «verdient», beleidigt, schikaniert und ausgegrenzt zu werden. Niemand hat das verdient.*

Legen Sie den Opferstatus ab

Mobbingopfer verhalten sich in ihrer Verzweiflung oft so, dass sie weitere Attacken begünstigen: Sie geben sich unterwürfig, überangepasst oder ziehen sich völlig zurück und geraten dadurch noch mehr ins Abseits. Auch bisher selbstbewusste Menschen finden sich plötzlich in einer Opferrolle. «Ich war so am Boden, habe mich quasi ständig entschuldigt, dass es mich überhaupt gibt, und habe dadurch wahrscheinlich erst recht den Boden geebnet für weitere Attacken», erzählt Laura L. (siehe Erfahrungsbericht Seite 30). Geht es Ihnen ähnlich?

Überprüfen Sie kritisch, wie Sie auf die Mobbingattacken reagieren: Wie fühlen Sie sich dabei? Was würden Sie am liebsten tun in Situationen, in denen Sie sich ausgegrenzt und gemobbt fühlen? Was hindert Sie daran, es zu tun? Versuchen Sie die Opferrolle abzulegen. Gegen die Angriffe können Sie vielleicht nichts machen. Wie Sie darauf reagieren, entscheiden aber Sie ganz allein. Fragen Sie sich:

- Wie könnte ich anders reagieren als bisher?
- Könnte ich vielleicht das Gegenteil von dem tun, was die Mobber offenbar erwarten?
- Was wären die möglichen Konsequenzen?
- Was hindert mich daran, mich zu wehren? Wovor habe ich Angst?

Wenn Ihr Selbstbewusstsein stark gelitten hat, sollten Sie sich Zeit nehmen, sich Ihre Stärken und Fähigkeiten bewusst zu machen: Denken Sie an die Erfolge, die Sie in Ihrer bisherigen Berufslaufbahn oder während Ihrer Ausbildung erzielt haben. Lesen Sie Ihre guten Zeugnisse. Machen Sie sich klar, dass Sie jemand sind und etwas zu bieten haben.

Hinweis *Achten Sie auf die Körpersprache. Sie ist verräterisch. Wer mit hängenden Schultern und gesenktem Blick durch die Gänge schleicht, erscheint schon rein äusserlich als Opfer. Halten Sie sich gerade, heben Sie den Kopf und schauen Sie den Gegnern in die Augen. Beobachten Sie Leute, die Sie für selbstbewusst und erfolgreich halten. Wie halten und bewegen sie sich? Versuchen Sie, von ihnen zu lernen.*

Lernen Sie zu kontern

«Schlagfertigkeit ist etwas, worauf man erst 24 Stunden später kommt», wusste bereits der amerikanische Schriftsteller Mark Twain. Nicht jedem ist es gegeben, fiesen Angreifern mit einer treffenden Bemerkung den Wind aus den Segeln zu nehmen. Gehören Sie auch zu jenen, denen jeweils um drei Uhr nachts die richtige Entgegnung auf eine üble Provokation einfällt? Lassen Sie sich durch beleidigende Bemerkungen zu unbedachten Äusserungen hinreissen? Oder neigen Sie dazu, sich ständig wegen allem und jedem zu rechtfertigen?

Daran kann man arbeiten. Es gibt gewisse Techniken, wie man Beleidigungen und unsachlicher Kritik wirksam begegnen kann, ohne aggressiv zu werden oder nun selbst den anderen niederzumachen (siehe gegenüberliegende Seite). Vielleicht hilft Ihnen das Sprichwort: «Beleidigungen sind die Argumente derer, die unrecht haben.» (Jean-Jacques Rousseau, Schriftsteller und Philosoph)

Überlegen Sie sich, ob Sie nicht einen Kurs in Rhetorik oder Verhandlungstechnik besuchen wollen, oder ein Selbstbehauptungstraining.

Tipp *Gute Tipps, wie Sie schlagfertiger werden können, finden Sie auch im Internet unter www.rhetorik.ch/Schlagfertig/Schlagfertig.html oder www.schlagfertigkeit.com.*

Beleidigungen, Provokationen – so reagieren Sie richtig

Drei Regeln und drei Strategien, wie Sie Gemeinheiten wirkungsvoll und gelassen begegnen können, ohne selber zum Angreifer zu werden:

Regel Nummer 1: Atmen Sie tief durch, bewahren Sie die Ruhe. Sie allein entscheiden, ob es dem Angreifer gelingt, Sie zu provozieren. Denken Sie an das Sprichwort: «Die eleganteste Art, dem Gegner die Zähne zu zeigen, ist ein Lächeln.» (Werner Finck, deutscher Kabarettist und Schriftsteller)

Regel Nummer 2: Fangen Sie auf keinen Fall an, sich zu rechtfertigen.

Regel Nummer 3: Schauen Sie dem «Feind» in die Augen.

Strategie Nummer 1: Ignorieren und/oder ablenken

- Angriffe sind selten geistreich. Lohnt sich die Mühe, überhaupt zu reagieren? Schweigen ist mitunter tatsächlich Gold. Noch wirkungsvoller ist Ihr Schweigen, wenn Sie den Gegner dabei ansehen – etwa mit der Miene einer nachsichtigen Mutter, die ihr quengelndes Kind beobachtet.
- Wenn Sie nicht schweigen wollen, tut es auch eine kurze nichtssagende Floskel wie: «Was du nicht sagst», «Aber, aber», oder «War's das?» Dann wenden Sie sich ab oder reden von etwas anderem.
- Wechseln Sie sofort das Thema.

Strategie Nummer 2: Rückfragen

- Wer fragt, führt. Wenn Sie rückfragen, geben Sie den Ball an den Angreifer zurück. Jetzt muss er sehen, wie er den Kopf aus der Schlinge zieht.
- Stellen Sie sich dumm und fragen Sie den Angreifer, was er meint. Zum Beispiel: «Da kann ich jetzt nicht folgen, wie kommen Sie zu dieser Behauptung?», «Was erwarten Sie jetzt genau von mir?»
- Greifen Sie ein Wort auf und fragen Sie nach. Zum Beispiel: «Sie haben ja keine Ahnung.» – «Was für Ahnungen sollte ich denn haben?»
- Orten Sie das Problem beim Angreifer. Zum Beispiel: «Die Idee ist völlig hirnrissig. Das funktioniert niemals.» – «Kann es sein, dass Sie meinen Vorschlag nicht richtig verstanden haben? Darf ich Ihnen die wichtigsten Punkte nochmals erläutern?» Oder: «Haben Sie das wirklich zu Ende gedacht?»
- Machen Sie den Angriff selbst zum Thema. Sagen Sie zum Beispiel: «Wieso sind Sie so aggressiv?», «Wollen Sie mich beleidigen?», «Können wir das Ganze nicht in Ruhe wie erwachsene Menschen besprechen?»

Strategie Nummer 3: Zustimmen

- Lassen Sie den Angriff ins Leere laufen, indem Sie einfach zustimmen. Zum Beispiel: «Wie recht Sie doch haben!», «Schöner hätte ich das auch nicht formulieren können.»
- Übertreiben Sie die Zustimmung ins Absurde. Zum Beispiel: «Sie haben offenbar zugenommen?» – «Ja, ich freue mich auch. Noch zwei Kilo und ich passe wieder in meinen Konfirmationsanzug.»
- Nehmen Sie den Angriff als Kompliment. Zum Beispiel: «Sie sind einfach nicht teamfähig!» – «Stimmt. Ich übernehme gerne Verantwortung.»

Aussprache statt Eskalation

Angriffe, unsachliche Kritik, abschätzige Bemerkungen verletzen und machen wütend. Die Versuchung ist gross, zurückzuschlagen und den Gegner nun ebenfalls anzugreifen. Gewinnen werden Sie dadurch allerdings nichts. Gegenangriffe werden nur zur Verschärfung der Situation beitragen.

Untersuchungen des Psychologen Dieter Zapf, Professor an der Universität Frankfurt, haben ergeben, dass Arbeitnehmer, denen es gelang, eine Mobbingsituation in den Griff zu bekommen und positiv zu verändern, dies vor allem dadurch erreichten, dass sie alle Schritte vermieden, die zu einer weiteren Eskalation des Konfliktes hätten führen können. Diese Personen haben für sich eine klare Grenze gezogen und den Entschluss gefasst, konsequent aus «dem bösen Spiel» auszusteigen.

Bilden Sie daher keine «Gegenstreitmacht», sondern geben Sie sich versöhnlich. Kontern Sie Vorwürfe nicht mit Gegenvorwürfen und bleiben Sie sachlich in Ihrer Wortwahl. Bieten Sie keine Angriffsflächen, was Ihre Arbeitsleistung betrifft. Achten Sie darauf, dass Sie Ihre arbeitsvertraglichen Pflichten weiterhin korrekt nach bestem Wissen und Gewissen erledigen. Sonst riskieren Sie, dass anstelle des Mobbings plötzlich Ihr eigenes Verhalten und Ihre Pflichtversäumnisse zum Thema werden.

Lassen Sie sich vorübergehend krankschreiben, um neue Kräfte zu tanken – auf jeden Fall dann, wenn Sie merken, dass Sie die Leistung nicht mehr erbringen können und anfangen, vermehrt Fehler zu machen. Suchen Sie professionelle Hilfe.

Achtung *Es ist heikel, sich als Mobbingopfer mit seinen Problemen an Arbeitskollegen zu wenden. Wissen Sie, wem Sie wirklich vertrauen können? Von Mobbing Betroffene können nur selten auf die Solidarität der Kollegen zählen. Sie müssen leider damit rechnen, dass sich auch vertraute Personen in Ihrer Firma plötzlich zurückziehen, weil sie Angst haben, ebenfalls zur Zielscheibe von Angriffen zu werden. Suchen Sie Rat und Unterstützung ausserhalb Ihrer Abteilung und des Betriebes (Adressen siehe Anhang).*

Das Gespräch mit dem Widersacher

Man kann versuchen, Konflikten auszuweichen, vor ihnen zu fliehen. Im beruflichen Alltag ist dies jedoch auf die Dauer keine taugliche Lösung. Suchen Sie das Gespräch mit Ihren Widersachern. Wenn die Situation nicht zu festgefahren und die Ursache des Konflikts noch nachvollziehbar ist, besteht eine realistische Chance, dass Sie sich mit Ihren Gegnern in einer offenen Aussprache aussöhnen können.

Am richtigen Ort zur richtigen Zeit

Sorgen Sie dafür, dass die Aussprache nicht im Lift oder Gang, sondern in Ruhe stattfindet, und die Gegenseite sich nicht mit dem Hinweis, keine Zeit zu haben, rasch wieder davonmachen kann. Kündigen Sie Ihren Gesprächswunsch vorher an. So fühlt sich niemand überfahren. Sagen Sie eindeutig, was Sie stört und welches Verhalten Sie in Zukunft nicht mehr akzeptieren werden. Sagen Sie auch, was das Verhalten in Ihnen auslöst. Machen Sie klar, dass Sie jederzeit bereit sind, anfallende Probleme zu besprechen und auch konstruktive Kritik entgegenzunehmen, dass Sie aber auf einem anständigen Ton und fairen Umgangsformen bestehen.

Nicht immer werden derartige Gespräche zum Erfolg führen. In diesem Fall bleibt Ihnen nichts anderes übrig, als sich an die nächst höhere Stelle zu wenden. Sie können dem Mobber auch einen Brief schreiben, eventuell mit Kopie an den Vorgesetzten. Beachten Sie dabei die Tipps auf Seite 96 – sie sind auch für Mobbing anwendbar.

Hinweis *Es ist wichtig, dass Sie alles versuchen, um das Mobbing gütlich zu beenden, auch im Hinblick auf allfällige rechtliche Schritte. Sie haben schlechtere Erfolgsaussichten, wenn die Gegenpartei geltend machen kann, Sie hätten nie das Gespräch gesucht oder dieses sogar verweigert.*

Tipps fürs Konfliktgespräch

Konflikte sind nicht einfach nur negativ. Sie bieten immer auch die Chance für etwas Neues. Beachten Sie während des Gesprächs folgende Tipps:

- Sprechen Sie die Probleme offen an. Definieren Sie, worum es geht.
- Denken Sie an Ihre Körpersprache. Bleiben Sie ruhig, sprechen Sie nicht zu hastig und signalisieren Sie der Gegenpartei, dass es Ihnen nicht um Krieg geht, sondern um die Lösung eines Problems.
- Schauen Sie Ihren Gesprächspartner an, wenn Sie reden.
- Lassen Sie das Gegenüber ausreden und hören Sie ihm aufmerksam zu. Je besser Sie seine Beweggründe kennen, umso besser können Sie selbst argumentieren.
- Vermeiden Sie Missverständnisse, indem Sie nachfragen, wenn Sie etwas nicht verstehen oder mit unhaltbaren Vorwürfen konfrontiert werden. Kontern Sie mit: «Wie meinen Sie das?», «Sie sind also der Auffassung, dass …», «Wie kommen Sie darauf?». Versuchen Sie mit eigenen Worten zu formulieren, worum es dem anderen Ihrer Meinung nach geht.
- Überhäufen Sie Ihr Gegenüber nicht mit Vorwürfen, sondern reden Sie über Ihre Gefühle in Ich-Botschaften, zum Beispiel: «Es ärgert mich, dass …», «Ich fühle mich übergangen, wenn …», «Ich erlebe die Situation folgendermassen …», etc.
- Versuchen Sie die Gesprächspartnerin zu einer Stellungnahme zu bewegen. Zum Beispiel: «Ich habe den Eindruck, dass unsere Kommunikation schwer gestört ist. Wie sehen Sie das?»
- Lassen Sie sich Zeit mit Ihren Antworten. Es ist besser, ein paar Sekunden zu schweigen, als sich zu einer unbedachten Äusserung hinreissen zu lassen.
- Wenn Sie von einer Behauptung Ihres Gesprächspartners überrumpelt werden, dürfen Sie ruhig sagen, dass das für Sie neu ist, und dass Sie Zeit brauchen, um darüber nachzudenken.
- Wenn das Gespräch in gegenseitigen Beschuldigungen ausartet, versuchen Sie das Problem aus einer anderen Perspektive anzugehen. Notfalls kann das Gespräch auch vertagt werden. Ein anderer Ausweg könnte sein, sich auf einen neutralen Schlichter zu einigen (siehe Seite 162).
- Machen Sie Lösungsvorschläge und fragen Sie auch Ihren Gesprächspartner, wie es seiner Meinung nach weitergehen soll.
- Halten Sie Abmachungen oder Zusagen schriftlich fest und lassen Sie diese Aufzeichnungen allen Beteiligten zukommen.

Unterstützung beim Vorgesetzten holen

Ihr Arbeitgeber ist von Gesetzes wegen verpflichtet, Sie vor Mobbing zu schützen. Mehr dazu erfahren Sie im nächsten Kapitel. Wenden Sie sich daher an Ihren direkten Vorgesetzten, wenn sich Konflikte im Team nicht gütlich bereinigen lassen. Ist der Chef selbst der Übeltäter, gelangen Sie an den nächst höheren Vorgesetzten oder an die Personalabteilung und bitten um einen Gesprächstermin. Viele grössere Firmen haben auch einen Sozialdienst, der in solchen Fällen angerufen werden kann. Sie können auch ein Gespräch zu dritt, mit dem Mobber, verlangen.

Verweigert der Vorgesetzte das Gespräch oder werden die Termine ständig verschoben, schreiben Sie ihm einen Brief, in dem Sie auf einen Gesprächstermin pochen (siehe Anhang). Vielen Führungskräften ist es lästig und unangenehm, mit zwischenmenschlichen Problemen konfrontiert zu werden. Sie neigen dazu, die Vorfälle zu bagatellisieren und die Betroffenen mit vagen Zusicherungen zu beschwichtigen. Es ist daher wichtig, dass Sie gut vorbereitet und dokumentiert zum Gespräch erscheinen und auf ruhige, sachliche und glaubwürdige Art schildern können, was Ihnen widerfahren ist: Wer hat wann was gemacht, gesagt? Wie haben Sie reagiert und was haben Sie dabei empfunden? Vermeiden Sie Pauschalvorwürfe und emotionale Ausbrüche.

Hinweis *Es gibt zahlreiche gute Bücher zum Thema Kommunikation und Gesprächsführung (siehe Anhang). Wenn Sie unsicher sind, wenden Sie sich an eine Beratungsstelle und bereiten sich dort mit Hilfe einer Fachperson auf ein wichtiges Gespräch vor. Möglicherweise wird man Sie sogar begleiten.*

Notizen sind hilfreich

Vielleicht versprechen Sie sich nicht viel von der Unterredung, da Sie Ihren Chef und seine Einstellung kennen. Versuchen Sie es trotzdem, schon aus taktischen Gründen. Überlegen Sie sich vorher gut, was Sie vorbringen wollen, und nehmen Sie Ihre schriftlichen Notizen mit, damit Sie nichts vergessen. In Kapitel 4 finden Sie einen Überblick über die gesetzlichen Schutzbestimmungen, die für Sie als Arbeitnehmerin gelten. Studieren Sie diese vor dem Gespräch und berufen Sie sich darauf.

So gehen Sie mit Vorwürfen um

Bereiten Sie sich darauf vor, dass Sie möglicherweise mit Vorwürfen konfrontiert werden. Damit Sie im Gespräch dennoch einen kühlen Kopf behalten können, empfiehlt es sich, folgende Punkte zu beachten:

- Überlegen Sie vor dem Treffen, mit welchen Argumenten und eventuellen Vorwürfen Sie von Arbeitgeberseite rechnen müssen, und bereiten Sie mögliche Entgegnungen vor.
- Weisen Sie nicht alle Argumente des Vorgesetzten einfach kategorisch von sich. Es schadet Ihnen nicht, wenn Sie tatsächliche Schwächen eingestehen und signalisieren, dass Sie bereit sind, an sich zu arbeiten.
- Verlieren Sie sich nicht in Rechtfertigungen, wenn man Ihnen zu Recht Fehler vorhält. Reagieren Sie lösungsorientiert. Also: «Da ist tatsächlich etwas schief gelaufen, spätestens übermorgen haben Sie die korrekten Zahlen auf dem Tisch.» Oder: «Ich werde das oder jenes unternehmen, dass das nicht mehr vorkommt.»
- Machen Sie klar, dass nichts, was man Ihnen allenfalls vorwerfen könnte, eine Rechtfertigung dafür ist, Sie zu schikanieren.
- Wenn Sie plötzlich zu Unrecht massiv schlechtere Qualifikationen erhalten, gibt es rechtliche Möglichkeiten, sich dagegen zu wehren (siehe Seite 84).

Nach dem Gespräch

Am Ende des Gesprächs sollten Sie wissen, wie es jetzt weitergeht. Lassen Sie sich nicht auf die Reorganisation vertrösten, die irgendwann vielleicht einmal geplant ist. Es ist wichtig, dass die Ergebnisse schriftlich festgehalten werden. Wenn Ihr Chef das nicht tun will, erstellen Sie selbst ein Beschlussprotokoll und händigen es ihm aus, oder lassen es sogar gegenzeichnen.

Hinweis *Möglicherweise wird es mehr als ein Gespräch brauchen, weil der Chef Sie hinhält oder nur halbherzig eingreift. In diesem Fall empfiehlt sich der Beizug einer neutralen Person, die idealerweise auch ein Protokoll anfertigt: ein Vertreter Ihrer Gewerkschaft, eine Fachperson von einer Mobbingberatungsstelle oder auch die betriebsinterne Sozialarbeiterin, falls ihre Neutralität gewährleistet ist (siehe auch Seite 160).*

Wenn der Chef mobbt

Die Mobbingstudie des seco (siehe Seite 19) hat ergeben, dass es in über 50 Prozent der Fälle Vorgesetzte sind, die mobben. Auch ausländische Untersuchungen zeigen, dass die Täter überdurchschnittlich häufig Männer in Vorgesetztenpositionen sind, die ihre betriebliche Machtposition dazu missbrauchen, Untergebene zu schikanieren und schlussendlich los zu werden. Der Grund ist häufig Inkompetenz, verbunden mit der Angst, fähige Untergebene könnten zu einer Bedrohung werden. Wie im Fall von Ilona P.

Beispiel *Die Journalistin Ilona P. weiss genau, wann ihr Chef begann, sie zu schikanieren. «Ich habe von früheren Tätigkeiten her und auch privat viele Kontakte. Und so wurde ich eingeladen, in einer Sektion des Rotary-Clubs über meine Arbeit und unsere Zeitung zu berichten. Mein Chef hat das gar nicht goutiert und war wohl beleidigt, dass man nicht ihn angefragt hatte. Danach war ich auf seiner Abschussliste. Er hat mich torpediert, wo er nur konnte.»*

Geradezu klassisch ist auch, dass altgediente, erfahrene Mitarbeiter von einem neuen (jüngeren) Chef gemobbt werden. Jahrelang war man mit ihren Leistungen zufrieden. Sie wurden geschätzt und anerkannt, doch unter dem neuen Chef ist alles anders: Jede Kleinigkeit wird kritisiert, bewährte Arbeitsabläufe werden in Frage gestellt. Der neue Chef bildet seine eigenen Seilschaften. Wer ihm nicht passt, wird übergangen und ins Abseits gestellt. «Ich kann ihm einfach nichts mehr recht machen, er wollte mich von Anfang an weghaben», ist eine häufig gehörte Klage an der Beratungs-Hotline des Beobachters.

Schwieriges Machtgefälle

Wenn Sie von Ihrem Chef gemobbt werden, gelten grundsätzlich die gleichen Ratschläge, wie wenn das Mobbing von Kolleginnen und Kollegen ausgeht: Suchen Sie das Gespräch, wenden Sie sich an den nächst höheren Vorgesetzten oder an den betrieblichen Sozialdienst. Und doch ist die Situation eine andere. Es besteht ein Machtgefälle, und Sie sitzen von vornherein am kürzeren Hebel. Wenn Ihr Chef in der Firma anerkannt ist, wenn die Zahlen in seiner Abteilung stimmen, wird man sich, wenn es hart auf hart geht, eher von Ihnen als von ihm trennen.

In einer solchen Situation sollten Sie keine Zeit verlieren und die Situation nüchtern analysieren. Sie werden Ihren Chef nicht ändern. Prüfen Sie, ob es noch Versöhnungsmöglichkeiten gibt oder ob Sie Wege sehen, sich mit der Situation zu arrangieren. Wenn nicht, geht es in erster Linie darum, dass Sie sich und Ihre Gesundheit schützen und eine Neuorientierung ins Auge fassen.

Achtung *Wenn Ihr Chef Sie mobbt, sollten Sie besonders darauf achten, dass Ihr Arbeitsvertrag nicht verletzt wird. Wenn Sie zum Beispiel als einzige Mitarbeiterin keine Gratifikation erhalten, können Sie sich dagegen wehren. Auch schikanöse Weisungen müssen Sie sich nicht gefallen lassen. Mehr darüber erfahren Sie im Kapitel «Mobbing und Recht».*

Achten Sie auf Ihre Gesundheit

Um sich erfolgreich gegen Mobbing behaupten zu können, braucht es in erster Linie eine gute physische und psychische Konstitution. Treffen Sie Massnahmen, um Ihre Gesundheit zu erhalten. Auch wenn es schwer fällt: Für Ihre psychische Stabilität ist es sehr wichtig, dass Sie die Vorfälle nicht zu nahe an sich herankommen lassen und versuchen, sie nicht persönlich zu nehmen. Halten Sie sich immer wieder vor Augen, dass Sie nicht die einzige Person sind, die gemobbt wird. Grundsätzlich kann dies jedem und jeder passieren.

Kraft schöpfen in der Freizeit

Wichtig ist, dass Sie sich jetzt nicht verkriechen. Suchen Sie Rückhalt in der Familie und dem Freundeskreis. Reden Sie mit vertrauten Personen über Ihre Probleme und hören Sie sich ihre Sicht der Dinge an. Oft wirkt es bereits Wunder, wenn man sich alles Leiden von der Seele reden kann. Holen Sie sich zusätzlich Rat bei Fachpersonen.

Konzentrieren Sie sich in Ihrer Freizeit auf Aktivitäten, die Ihnen Spass machen und wo sie sich in einem Umfeld bewegen können, das

Ihnen wohl gesinnt ist. Lenken Sie sich mit den erfreulichen Dingen des Lebens ab, planen Sie die nächsten Ferien, gesellige Anlässe, kulturelle Veranstaltungen, einfach etwas, das Ihnen Lebensfreude und Entspannung bringt und verhindert, dass Ihre Gedanken ununterbrochen um die Situation in der Firma kreisen.

Wenn Sie gesundheitliche Probleme haben, reden Sie mit Ihrem Arzt Klartext. Er muss wissen, was Sie am Arbeitsplatz durchmachen, um Ihre Beschwerden richtig einordnen zu können. Leider sind noch längst nicht alle Hausärzte mit der Mobbing-Problematik vertraut. Wenn Sie den Eindruck haben, in Ihrer speziellen Lage nicht auf das nötige Verständnis zu stossen, wenden Sie sich an eine Beratungsstelle und bitten Sie um die Adresse eines Arztes, der bereits Erfahrung mit Mobbingfällen hat.

Hinweis *Wenn Sie es gar nicht mehr aushalten, besteht die Möglichkeit, dass Sie sich vorübergehend krankschreiben lassen. Worauf Sie in diesem Zusammenhang achten sollten, und welche Rechte und Pflichten Sie während der Arbeitsunfähigkeit haben, erfahren Sie in Kapitel 6.*

Kämpfen oder fliehen?

Wenn eine gütliche Beilegung der Zwistigkeiten, auch mit Hilfe von aussen, nicht gelingt, können Sie prüfen, welche rechtlichen Mittel Ihnen gegen das Mobbing zur Verfügung stehen. Was es für Möglichkeiten gibt und was Sie dabei zu beachten haben, erfahren Sie im nächsten Kapitel. Setzen Sie sich zudem bewusst mit der Möglichkeit auseinander, dass Ihr Arbeitsverhältnis zu Ende gehen wird. In der Schweiz gibt es keinen wirksamen Kündigungsschutz. Im Kapitel «Kündigung?» (siehe Seite 127) erfahren Sie, welche Rechte Sie haben, falls der Arbeitgeber Ihnen kündigt.

Neue Perspektiven entwickeln

Und wenn der Arbeitgeber nicht kündigt – wollen Sie an dieser Stelle verbleiben? Irgendwann kommen Sie an einen Punkt, an dem Sie sich fragen müssen, was wichtiger ist: Ihre Gesundheit oder das Festklammern an der gegenwärtigen Stelle. Ausharren und die Quälereien über sich ergehen lassen, ist keine Lösung, es sei denn, dass sich in absehbarer Zeit eine Änderung in Form von Personalwechsel, Umorganisation oder Pensionierung abzeichnet.

«Häufig müssen wir Opfern abraten, einen Kampf am Arbeitsplatz zu führen, vor allem, wenn ihre Gesundheit bereits angeschlagen ist», sagt Claudia Stam von der Mobbing-Beratungsstelle Zürich. «Dann macht es mehr Sinn, eine neue Perspektive zu entwickeln. In einer kleineren Firma, wenn es der Geschäftsführer selber ist, der einem übel mitspielt, hat man einfach keine andere Wahl, als eine neue Stelle zu suchen.»

Hinweis *Treffen Sie Ihren Entscheid in aller Ruhe, vor überstürzter Kündigung ist abzuraten. Worauf Sie achten müssen, wenn Sie selbst kündigen wollen, erfahren Sie ab Seite 130. Wenn Sie sich entschliessen zu gehen, sollten Sie sich rechtzeitig mit der bevorstehenden Stellensuche auseinander setzen. Informationen finden Sie zum Beispiel im Beobachter-Ratgeber «Stellensuche mit Erfolg. So bewerben Sie sich richtig», www.beobachter.ch/buchshop.*

Ziehen Sie einen Schlussstrich

Versuchen Sie voraus zu schauen und sich nicht von Rachegefühlen leiten zu lassen. Vielleicht hilft Ihnen folgende Erkenntnis dabei weiter: Mobber sind keine glücklichen Menschen. Wer mit sich und seiner Umwelt im Reinen ist, erfolgreich, geliebt und anerkannt, kommt gar nicht auf die Idee, Zeit und Energie darauf zu verschwenden, anderen Menschen nachzustellen. Ihre Widersacher haben ihre eigenen Probleme. Räumen Sie ihnen nicht die Macht ein, weiterhin Ihre Gedanken und Gefühle zu beherrschen. Ziehen Sie einen Schlussstrich und investieren Sie Ihre Energie und Kraft in die Zukunft.

4. Mobbing und Recht

Mobbing ist gesetzlich nicht geregelt. Trotzdem sind Betroffene nicht rechtlos. In diesem Kapitel erfahren Sie, auf welche Gesetze Sie sich berufen können und welche Möglichkeiten Ihnen offen stehen, sich notfalls auch mit rechtlichen Mitteln gegen Schikanen und Ausgrenzung am Arbeitsplatz zu wehren.

Rechtliche Schritte – was ist möglich?

Wenn Sie sich mit Hilfe von Recht und Gesetz gegen Mobbing wehren wollen, haben Sie grundsätzlich zwei Möglichkeiten: Sie können entweder direkt Ihre Peiniger zur Verantwortung ziehen oder aber den Arbeitgeber belangen, wenn er selbst Sie mobbt oder wenn er es unterlässt, Sie gegen Mobbing durch Arbeitskollegen oder Vorgesetzte zu schützen.

Vielleicht erscheint es Ihnen nahe liegend, in erster Linie gegen die Mobber vorzugehen. Dies ist allerdings nicht so einfach (siehe Seite 88). In aller Regel ist es Erfolg versprechender, sich an den Arbeitgeber zu halten. Denn er ist Ihr Vertragspartner und hat in diesem Zusammenhang bestimmte gesetzliche Pflichten Ihnen gegenüber. Verletzt er diese, wird er vertragsbrüchig und kann daher auch einfacher zur Verantwortung gezogen werden als die Mobber, mit denen Sie ja keine vertragliche Beziehung haben.

Prüfen Sie die Rechtslage

Auf den folgenden Seiten finden Sie einen Überblick über die bei Mobbing relevanten gesetzlichen Bestimmungen. Und Sie erfahren, wie Sie für Ihre Rechte kämpfen können, notfalls vor Gericht (siehe Seite 107).

Prozessieren – lohnt sich das?

In folgenden Fällen sind rechtliche Schritte Erfolg versprechend:

- Sie können die Mobbinghandlungen beweisen.
- Die Gegenseite hat gegen geltende Gesetze verstossen oder Ihren Arbeitsvertrag verletzt.
- Sie können belegen, dass Sie sich erfolglos für eine gütliche Bereinigung der Situation eingesetzt haben.
- Die Gegenseite hat das Gespräch verweigert.
- Der Arbeitgeber hat nichts gegen das Mobbing unternommen, obwohl Sie ihn nachweisbar dazu aufgefordert haben.
- Sie leiden unter gesundheitlichen Problemen, die laut Ihrem Arzt auf die Mobbingsituation zurückzuführen sind.
- Ihnen wurde nachweisbar nur deshalb gekündigt, weil Sie sich gegen Mobbing zur Wehr gesetzt haben.

Man darf sich allerdings keine Illusionen machen. Das Prozessrisiko ist in Mobbingfällen sehr hoch. Wer wegen Mobbing vor Gericht zieht, hat einen steinigen Weg vor sich. Ein Prozess kann jahrelang dauern und viel Kraft und Geld verschlingen.

Bevor Sie sich in ein rechtliches Abenteuer stürzen, sollten Sie die folgenden Seiten genau studieren, Ihre Situation unter die Lupe nehmen, sich von einem spezialisierten Anwalt beraten und die Erfolgsaussichten seriös prüfen lassen. Klären Sie ab, was Sie bei einem Prozess zu erwarten haben. Überlegen Sie sich auch ganz nüchtern, ob Sie wirklich bereit sind, die damit verbundenen Belastungen durchzustehen.

Sammeln Sie Beweise

Ohne Beweise geht gar nichts. Wer mit rechtlichen Mitteln gegen Mobbing kämpfen will, muss in der Lage sein, beweisbare Fakten zu präsentieren. Da es ausserordentlich schwierig ist, Mobbinghandlungen zu beweisen, ist es unerlässlich, dass Sie ein Tagebuch über sämtliche Vorfälle führen (siehe Seite 55). Sammeln Sie alle vorhandenen Belege wie Mails, Briefe, untergejubelte Fehler. Suchen Sie wenn möglich Zeugen und sorgen Sie dafür, dass Gespräche protokolliert und getroffene Übereinkünfte schriftlich festgehalten werden. Falls Sie von Ihrem Vorgesetzten mündliche Weisungen erhalten, die Ihnen unsinnig oder schikanös erscheinen, können Sie zum Beispiel per Mail rückfragen, ob Sie alles richtig verstanden haben. Dann muss Ihr Chef Farbe bekennen, und Sie haben etwas Schriftliches in der Hand.

Eigene Schritte dokumentieren

Auch alle Anstrengungen, die Sie unternommen haben, um die Situation gütlich zu bereinigen, sollten Sie schriftlich dokumentieren. Notieren Sie auch, wenn Sie um ein Gespräch gebeten haben und dieses verweigert oder auf den St. Nimmerleinstag verschoben wurde. Wenn Sie durch das Mobbing gesundheitliche Probleme bekommen haben, sollten Sie die Daten der Arztbesuche aufschreiben und sich allenfalls eine schriftliche Stellungnahme des Arztes geben lassen. Auch Besuche bei Beratungsstellen oder Therapeuten sind wichtig. Fachpersonen, denen Sie Ihre Probleme anvertraut haben, können als wertvolle Zeugen dienen.

Achtung *Es genügt nicht, wenn Sie Ihre gesammelten Belege auf dem Firmencomputer gespeichert haben. Es kommt immer wieder vor, dass Mobbingopfern Knall auf Fall gekündigt wird und sie nur noch wenige Minuten Zeit haben, unter den Augen eines Firmenvertreters das Pult zu räumen. Nehmen Sie alle Beweise regelmässig mit nach Hause!*

Gesetze, auf die Sie sich berufen können

Auch wenn das Wort «Mobbing» in keinem Gesetzestext auftaucht, gibt es doch zahlreiche Bestimmungen, auf die sich Mobbingopfer gegenüber ihrem Arbeitgeber berufen können. Dazu gehören verschiedene Schutzbestimmungen im Obligationenrecht (OR) und Arbeitsgesetz (ArG), die auf den folgenden Seiten erläutert werden. Ausserdem können Arbeitnehmende sich zur Wehr setzen, wenn ihr Arbeitsvertrag verletzt wird (siehe Seite 77), oder wenn der Arbeitgeber sein Weisungsrecht missbraucht (siehe Seite 79). Aufgrund welcher gesetzlicher Bestimmungen Sie gegen mobbende Kolleginnen und Kollegen vorgehen können, erfahren Sie ab Seite 88. Besondere Regeln gelten dank dem Gleichstellungsgesetz, wenn Diskriminierung aufgrund des Geschlechts oder sexuelle Belästigung im Spiel sind (siehe Seite 91).

In vielen Fällen werden Mobbingerlebnisse zur Auflösung des Arbeitsverhältnisses führen. Die Rechtsfragen, die sich in diesem Zusammenhang stellen, werden im Kapitel «Kündigung?» behandelt (siehe Seite 127).

Die nachfolgenden Ausführungen beziehen sich auf privatrechtliche Arbeitsverhältnisse, die dem Obligationenrecht unterstehen. Für Staatsangestellte ist das jeweilige eidgenössische, kantonale oder kommunale Personalrecht anwendbar, das einen tendenziell noch besseren Schutz bietet. Da sich die Regelungen grundsätzlich aber gleichen, lohnt sich die Lektüre dieses Kapitels auch für in der Verwaltung tätige Arbeitnehmerinnen und -nehmer.

Tipp *Wenn Sie die in diesem Kapitel angegebenen Gesetzesartikel im vollen Wortlaut nachlesen wollen, können Sie dies im Internet tun unter www.admin.ch → Systematische Rechtssammlung (Abkürzung des Gesetzes und Artikelnummer eingeben).*

Angst vor Kündigung?

Vielleicht wagen Sie es nicht, sich gegen Rechtsverletzungen des Arbeitgebers zu wehren, weil Sie um Ihren Arbeitsplatz fürchten. Diese Angst ist nicht unberechtigt. Sie müssen allerdings wissen: Wenn der Arbeitgeber Ihnen nur deshalb kündigt, weil Sie sich für Ihre Rechte gewehrt haben, ist die Kündigung missbräuchlich. Das heisst nicht, dass Sie auf ihre Aufhebung pochen können; auch eine missbräuchliche Kündigung ist gültig. Aber Sie können eine Entschädigung von bis zu 6 Monatslöhnen einklagen. Voraussetzung ist allerdings, dass Sie den Missbrauch beweisen können. Es empfiehlt sich daher, ernstere Auseinandersetzungen mit dem Arbeitgeber aus Beweisgründen stets schriftlich zu führen. Ausführliche Informationen zur missbräuchlichen Kündigung finden Sie ab Seite 137.

Ihr Chef verletzt die Fürsorgepflicht

Arbeit gegen Lohn. Darum geht es bei einem Arbeitsvertrag in erster Linie. Darüber hinaus entsteht in einem Anstellungsverhältnis jedoch eine besondere persönliche Bindung und ein spezielles Vertrauensverhältnis zwischen Arbeitgeber und Arbeitnehmer. Im Arbeitsvertragsrecht gibt es daher gegenseitige Schutzpflichten – die Treuepflicht auf Seiten des Arbeitnehmers und die Fürsorgepflicht auf Seiten des Arbeitgebers: Während der Arbeitnehmer verpflichtet ist, «die berechtigten Interessen des Arbeitgebers in guten Treuen zu wahren» (Art. 321a OR), hat der Arbeitgeber «die Persönlichkeit des Arbeitnehmers zu achten und zu schützen, auf dessen Gesundheit gebührend Rücksicht zu nehmen und für die Wahrung der Sittlichkeit zu sorgen» (Art. 328 OR). Explizit erwähnt das Gesetz ebenfalls den Schutz vor sexueller Belästigung.

Eine ähnliche Bestimmung ist auch im Arbeitsgesetz zu finden: Der Arbeitgeber habe «die erforderlichen Massnahmen zum Schutze der persönlichen Integrität der Arbeitnehmer vorzusehen», heisst es dort unter anderem (Art. 6 ArG, Art. 2 ArGV 3). Die Wegleitung zur Verordnung 3 zum Arbeitsgesetz hält fest, dass der Arbeitgeber die Verantwortung dafür trägt, dass an keinem Arbeitsplatz die physische und psychische Gesundheit der Arbeitnehmer und Arbeitnehmerinnen geschädigt wird. Namentlich erwähnt werden in diesem Zusammenhang «schlechte psychosoziale Arbeitsbedingungen (zwischenmenschliche Konfliktsituationen, schwierige bis unmögliche Kommunikation oder andere erschwerende Umstände, welche die physische oder psychische Integrität einer Person beeinträchtigen).»

Ihr Anspruch auf Schutz

Der Arbeitgeber muss also alle nicht durch den Arbeitsvertrag gerechtfertigten Eingriffe in die Persönlichkeit der Arbeitnehmerinnen und Arbeitnehmer unterlassen. Ausserdem ist er verpflichtet, seine Angestellten am Arbeitsplatz vor Persönlichkeitsverletzungen durch Dritte zu schützen. Konkret heisst das: Der Arbeitgeber darf Mobbing in seinem Betrieb nicht dulden, und schon gar nicht darf er selbst mobben. Er muss sich vielmehr schützend vor betroffene Angestellte stellen.

Dazu gehört, dass der Arbeitgeber Mobbing in seinem Betrieb verbietet, allfällige Mobber zur Rechenschaft zieht und geeignete Massnahmen ergreift, um ein Mobbingopfer vor weiteren Übergriffen zu bewahren. «Der Arbeitgeber, der Mobbing nicht verhindert, verletzt seine Fürsorgepflicht», hat das Bundesgericht unmissverständlich festgehalten (BGE 125 III 70, siehe auch Seite 170). Gemäss Art. 59 des Arbeitsgesetzes macht sich der Arbeitgeber sogar strafbar, wenn er den Vorschriften über den Gesundheitsschutz vorsätzlich oder fahrlässig zuwiderhandelt.

Den Arbeitgeber schriftlich mahnen

Wenn bei Mobbing Gespräche und Versöhnungsversuche nicht zum Erfolg führen oder gar verweigert werden, können Sie den Arbeitgeber schriftlich mahnen und an seine Fürsorgepflicht erinnern. Listen Sie alle Ereignisse auf, bei denen der Arbeitgeber diese verletzt hat. Ersuchen Sie den Arbeitgeber, Abhilfe zu schaffen. Einen Musterbrief finden Sie im Anhang. Schicken Sie den Brief eingeschrieben und bewahren Sie aus Beweisgründen eine Kopie davon auf.

Korrekt bleiben – keine Angriffsflächen bieten

Wichtig ist, dass Sie auch in der schriftlichen Auseinandersetzung mit dem Arbeitgeber sachlich und korrekt bleiben:

- Erheben Sie keine nicht beweisbaren Anschuldigungen, denn dadurch liefern Sie Ihren Widersachern einen Grund, nun ihrerseits gegen Sie vorzugehen, zum Beispiel wegen Verletzung Ihrer Treuepflicht als Arbeitnehmer.
- Achten Sie auf Ihre Wortwahl: Verwenden Sie keine Kraftausdrücke oder Adjektive wie «menschenverachtend», «verleumderisch», «verlogen», «hinterhältig» etc.
- Sprechen Sie in der innerbetrieblichen Auseinandersetzung nicht voreilig von Mobbing, sondern eher von Konflikten, Meinungsverschiedenheiten oder Ungereimtheiten.
- Halten Sie sich an Fakten und konkrete Sachverhalte und verzichten Sie darauf, das Verhalten der Mobber oder Vorgesetzten und ihre Motive zu kommentieren.
- Geben Sie nichts Persönliches preis, das nicht zur Sache gehört. Damit bieten Sie neue Angriffsflächen.
- Drohen Sie nicht mit undurchdachten rechtlichen Schritten und schon gar nicht mit der Presse.
- Denken Sie daran, dass Ihre Korrespondenz möglicherweise einmal im Rahmen einer Gerichtsverhandlung als Beweismittel dient.

Die Arbeit verweigern?

Wenn der Arbeitgeber weiterhin nichts unternimmt und die Weiterarbeit für Sie unzumutbar wird, haben Sie grundsätzlich die Möglichkeit, die Arbeit niederzulegen, bis der Arbeitgeber die nötigen Massnahmen getroffen hat, um Ihre Persönlichkeit zu schützen. Sie können sich dabei auf Art. 324 OR berufen. Diese Bestimmung regelt Fälle, bei denen die Arbeit «infolge Verschuldens des Arbeitgebers nicht geleistet werden» kann. Der Arbeitgeber bleibt dann dennoch zur vollen Lohnzahlung verpflichtet. Das Verschulden des Arbeitgebers liegt bei Mobbing darin, dass er die nötigen Handlungen unterlässt, die Ihnen ein störungs- und belästigungsfreies Arbeiten ermöglichen.

Allerdings handelt es sich bei der Arbeitsverweigerung um eine heikle Massnahme, die nur in Frage kommt, wenn sich die Mobbinghandlungen hieb- und stichfest belegen lassen und wenn Sie eine gerichtliche Auseinandersetzung nicht scheuen. Denn wenn Sie die Arbeit verweigern, müssen Sie damit rechnen, Ihren Lohnanspruch gerichtlich einklagen zu müssen. In der Regel ist es in solchen Situationen besser, sich vorübergehend krankschreiben zu lassen. Auf jeden Fall sollten Sie die Arbeitsniederlegung vorher schriftlich androhen und dem Arbeitgeber eine Frist setzen, innnerhalb derer er die Missstände beheben soll.

Hinweis *Grundsätzlich haben Sie sogar die Möglichkeit, das Arbeitsverhältnis nach einer schriftlichen Vorwarnung fristlos zu kündigen, wenn die weitere Zusammenarbeit für Sie unzumutbar geworden ist. Auch hier ist jedoch Vorsicht geboten (siehe ebenfalls Seite 133).*

Schadenersatz und Genugtuung fordern

Der Arbeitgeber, der seine Fürsorgepflicht verletzt und Mobbinghandlungen tatenlos duldet, kann finanziell belangt werden. Eine entsprechende Klage beim Arbeitsgericht (siehe Seite 107) wird man in der Regel aber erst nach Beendigung des Arbeitsverhältnisses ins Auge fassen. Möglich sind Schadenersatzforderungen wegen vertragswidrigen Verhaltens (Art. 97 ff. OR). Allerdings muss der betroffene Arbeitnehmer einen Schaden beweisen (zum Beispiel Gesundheitsschaden, Erwerbsausfall) und auch belegen können, dass dieser Schaden tatsächlich durch die Fürsorgepflichtverletzung des Arbeitgebers entstanden ist.

Bei besonders schwerem Verschulden des Arbeitgebers kann nebst dem materiellen Schadenersatz auch eine so genannte Genugtuung fällig werden. Denn: «Wer in seiner Persönlichkeit widerrechtlich verletzt wird, hat Anspruch auf Leistung einer Geldsumme als Genugtuung, sofern die Schwere der Verletzung es rechtfertigt und diese nicht anders wiedergutgemacht worden ist» (Art. 49 OR).

Vorsicht vor zu grossen Erwartungen

Allerdings darf man auch in diesem Zusammenhang keine zu grossen Erwartungen hegen. Es hat zwar im Welschland zwei spektakuläre Gerichtsentscheide gegeben, in denen Arbeitgeber, die Mobbing zuliessen, zu sechsstelligen Entschädigungszahlungen verurteilt wurden (siehe Seiten 176 und 184). Doch waren dies Einzelfälle, die sehr gut dokumentiert waren und bei denen die Mobbingopfer schwerste gesundheitliche Schäden davontrugen.

Genugtuungen werden in der Schweiz nur mit grosser Zurückhaltung zugesprochen. Ausserdem liegt jeder Fall wieder anders, und es ist schwierig, auf Präzedenzfälle abzustellen, da eine Persönlichkeitsverletzung die Betroffenen jeweils unterschiedlich hart trifft und sich auch je nach Situation anders auswirkt. Dies stellte das Bundesgericht in einem Entscheid fest (BGE 130 III 70). Lassen Sie die Erfolgsaussichten auf jeden Fall durch einen spezialisierten Anwalt abklären.

Vertragsbrüche und Machtmissbrauch

Nicht selten kommt es im Zusammenhang mit Mobbing zu Vertragsverletzungen und Machtmissbrauch durch den Arbeitgeber: Mobbingopfer werden gegen ihren Willen an einen auswärtigen Arbeitsplatz versetzt, bekommen plötzlich eine untergeordnete Arbeit zugewiesen oder erhalten als einzige keine Gratifikation. Was ist in solchen Fällen zu tun?

Grundregel 1: Verträge sind einzuhalten

Als Arbeitnehmer oder Arbeitnehmerin können Sie sich auf Ihren Arbeitsvertrag berufen. Alles, was Ihnen vertraglich zugesichert wurde, darf man Ihnen nicht einfach vorenthalten oder wegnehmen. Verbindlich sind dabei nicht nur schriftliche, sondern auch mündliche oder sogar stillschweigende Abmachungen, die sich im Laufe der Zeit eingespielt haben, denn der Arbeitsvertrag bedarf keiner bestimmten Form (Art. 320 OR).

Die Änderungskündigung

Der Arbeitgeber darf Ihren Arbeitsvertrag nicht von heute auf morgen ausser Kraft setzen oder abändern. Vertragsänderungen (Lohn- oder

Pensumsänderung, neues Pflichtenheft etc.) sind nur mit Ihrem Einverständnis per sofort möglich. Liegt dieses Einverständnis nicht vor, weil es sich um eine Verschlechterung Ihrer bisherigen Arbeitsbedingungen handelt, muss die Kündigungsfrist des geltenden Vertrages eingehalten werden, bevor die Änderung wirksam werden kann. Man nennt dies eine Änderungskündigung. Laut Bundesgericht sind Änderungskündigungen grundsätzlich zulässig. Arbeitnehmenden bleibt in der Regel nur die Wahl, den neuen Vertrag zu akzeptieren oder die Auflösung des Arbeitsverhältnisses in Kauf zu nehmen.

Achtung *Wenn Sie eine Vertragsänderung per sofort kommentarlos hinnehmen, kann dies unter Umständen als stillschweigende Zustimmung ausgelegt werden. Dies gilt zum Beispiel auch dann, wenn Sie ein paar Monate lang einen tieferen als den vertraglich vereinbarten Lohn entgegengenommen haben.*

Vertragsänderung – was tun?

Im Zusammenhang mit Vertragsänderungen ist Folgendes zu beachten:

- Bei jeder Vertragsänderung, mit der Sie nicht einverstanden sind, können Sie darauf beharren, dass die Kündigungsfrist des alten Vertrages eingehalten wird, die geänderten Arbeitsbedingungen also erst nach deren Ablauf in Kraft treten.
- Protestieren Sie aus Beweisgründen schriftlich gegen eine sofortige oder gar rückwirkende Vertragsänderung und pochen Sie auf Einhaltung der Kündigungsfrist.
- Kündigt der Arbeitgeber, weil Sie einer sofortigen Vertragsänderung nicht zustimmen, handelt es sich um eine missbräuchliche Rachekündigung, gegen die man sich wehren kann (siehe Seite 138).
- Die Kündigungssperrfristen bei Arbeitsunfähigkeit (siehe Seite 134) gelten auch bei Änderungskündigungen.
- Laut Bundesgericht kann eine Änderungskündigung ausnahmsweise missbräuchlich sein, wenn es für die erhebliche Verschlechterung der Arbeitsbedingungen keine sachliche Rechtfertigung gibt. Den Missbrauch beweisen muss allerdings der Arbeitnehmer. Lassen Sie sich beraten.

Grundregel 2: Die Befehlsgewalt ist beschränkt

Arbeitgeber haben ein Weisungsrecht gegenüber ihren Angestellten. Sie können «über die Ausführung der Arbeit und das Verhalten der Arbeitnehmer im Betrieb allgemeine Anordnungen erlassen und ihnen besondere Weisungen erteilen» (Art. 321d OR). Angestellte sind verpflichtet, diese Weisungen nach Treu und Glauben zu befolgen. Die Befehlsgewalt des Arbeitgebers ist jedoch beschränkt: Eine wichtige Grenze bildet das Persönlichkeitsrecht der Mitarbeitenden. Sie müssen also keine Weisungen befolgen, die Ihr Privatleben tangieren, Ihre Persönlichkeit verletzen, Sie demütigen oder Ihre Gesundheit gefährden. So erachtete beispielsweise das Arbeitsgericht Zürich die Weisung eines Chefs, seine während der Kündigungsfrist freigestellte Arbeitnehmerin müsse sich viermal täglich zu bestimmten Zeiten bei ihm melden, als persönlichkeitsverletzend und daher unzulässig.

Wenn Ihr Chef Sie mobbt oder sich gegen Sie auf die Seite der Mobber stellt, kann es leicht zu einem Missbrauch dieses Weisungsrechts kommen: Sie müssen sich zum Beispiel neuerdings ständig kontrollieren lassen, erhalten nur noch Routineaufgaben, sind die Einzige, die regelmässig zu Überstunden verdonnert wird und müssen unsachliche Kritik über sich ergehen lassen. In den folgenden Abschnitten erfahren Sie, wie Sie sich gegen Übergriffe dieser Art wehren können.

Immer weniger Arbeit

Vor allem teilzeitbeschäftigte Mobbingopfer müssen häufig feststellen, dass ihnen nicht mehr genügend Arbeit zugewiesen wird. Unfreiwillige Minusstunden gehen jedoch zu Lasten des Arbeitgebers. Dies gilt auch für Angestellte im Stundenlohn.

Beispiel *Verena K. arbeitet seit Jahren als Teilzeitsekretärin in einer mittelgrossen Firma. Über eine kaufmännische Ausbildung verfügt sie zwar nicht, im Laufe der Zeit hat sie sich jedoch beachtliches Fachwissen angeeignet. Dem neuen Chef passt dies nicht. Verena K. ist für ihn ein Überbleibsel aus vergangenen Zeiten, das nicht mehr in den trendigen Betrieb passt, der ihm für die Zukunft vorschwebt. Er beginnt die Mitarbeiterin zu schikanieren und gibt ihr zu verstehen, dass sie* *nicht mehr auf der Höhe der Zeit sei. Schliesslich stellt er eine junge Frau ein, der er die interessanten Arbeiten zuhält. Verena K., die jahrelang 80 Prozent arbeitete, hat immer weniger zu tun, wird oft gegen ihren Willen nach Hause geschickt. Nach einigen Monaten stellt der Chef sie zur Rede wegen ihrer zahlreichen Minusstunden. «Wir werden Ihnen diese selbstverständlich vom Lohn abziehen», verkündet er der völlig eingeschüchterten Angestellten.*

Verena K. muss das nicht akzeptieren. Die Minusstunden hat nicht sie zu vertreten, sondern der Chef, der ihr nicht genug Arbeit zuweist. Nach Gesetz hat sie weiterhin den üblichen Lohn (80 Prozent) zugute, denn: «Kann die Arbeit infolge Verschuldens des Arbeitgebers nicht geleistet werden (...), so bleibt er zur Entrichtung des Lohnes verpflichtet, ohne dass der Arbeitnehmer zu Nachleistung verpflichtet ist.» (Art. 324 OR)

Achtung *Lässt Sie der Arbeitgeber plötzlich nicht mehr das vertraglich vereinbarte Pensum arbeiten (auch mündliche Abmachungen gelten), sollten Sie schriftlich dagegen protestieren und Ihre Arbeitskraft im vertraglichen Umfang anbieten. Sie müssen Ihre Arbeitsbereitschaft notfalls beweisen können, wenn Sie sich gegen ungerechtfertigte Lohnabzüge wehren wollen.*

Versetzung gegen Ihren Willen

Die Versetzung in eine andere Abteilung oder Filiale kann durchaus eine Lösung sein, um einer Mobbingsituation zu entrinnen. Doch nicht immer ist eine solche Versetzung im Interesse des Angestellten. Ob man sich gegen eine Versetzung wehren kann, hängt von den Umständen ab: Wenn man Ihnen ein anderes Büro zuweist, um Sie von den Mobbern zu trennen, oder Sie an einen gleichwertigen Arbeitsplatz in einer anderen nahe gelegenen Filiale versetzt, fällt dies noch unter das Weisungsrecht des Arbeitgebers und muss akzeptiert werden.

Will man Sie jedoch von Winterthur nach Bern versetzen, oder sollen Sie eine völlig neue Aufgabe in einer anderen Abteilung übernehmen, dann handelt es sich um eine Vertragsänderung (siehe Seite 77). Grundsätzlich haben Sie in diesem Fall zwei Möglichkeiten:

1. Sie sind bereit, zu wechseln: Dann können Sie während einer Übergangszeit (mindestens aber während der Kündigungsfrist des geltenden Arbeitsvertrages) Spesenentschädigung für den längeren Arbeitsweg verlangen. Dazu kommen Verpflegungs- und allenfalls Übernachtungskosten, falls Sie nicht mehr jeden Tag heimkehren können (Art. 327a OR). Ausserdem ist die Differenz zum bisherigen Arbeitsweg als Arbeitszeit anzurechnen (Art. 13 ArGV 1). Handeln Sie eine Übergangsregelung aus und halten Sie die Einzelheiten schriftlich fest.
2. Sie akzeptieren den neuen Arbeitsort nicht und pochen auf Beibehaltung des bisherigen vertraglichen Arbeitsplatzes. Dann kann der Arbeitgeber die Versetzung mittels Änderungskündigung erzwingen, sofern Sie es nicht vorziehen, die Firma zu verlassen. Unter Umständen kann die Änderungskündigung jedoch missbräuchlich sein, wenn es sich um eine rein schikanöse Versetzung handelt. Lassen Sie sich in diesem Fall rechtlich beraten.

Weniger qualifizierte Arbeit als vereinbart

Ein Arbeitnehmer mit einem vertraglich klar umschriebenen Aufgabenbereich muss nicht akzeptieren, dass ihm der Arbeitgeber plötzlich eine andere, weniger qualifizierte Arbeit zuweist. Dies hat das Bundesgericht im Falle eines Kranführers entschieden, der während der Kündigungsfrist bei gleichem Lohn als Hilfsmagaziner im Depot arbeiten sollte. Die Versetzung habe nichts mit den fachlichen Qualifikationen des Angestellten zu tun gehabt, sondern sei nur auf persönliche Differenzen mit dem direkten Vorgesetzten zurückzuführen, so das Gericht (BGE 4C.212/1992). Auch im folgenden Fall stellte sich ein Gericht auf die Seite der Arbeitnehmerin:

Beispiel *Laut Arbeitsvertrag war Lilly S. als Alleinsekretärin und Sachbearbeiterin eingestellt. Ihr Chef hatte jedoch seine eigenen Vorstellungen. Er verlangte von ihr nebst Kaffeekochen und Staubsaugen auch das Reinigen der gesamten Fensterfront. Als die Mitarbeiterin sich wehrte, wurde ihr gekündigt. Das Gericht erachtete die Kündigung als missbräuchlich: Blumengiessen und Kaffeekochen könne von einer Alleinsekretärin verlangt werden, Fensterputzen ginge jedoch eindeu-*

tig zu weit. Lilly S. wurde eine Entschädigung von 10 000 Franken zugesprochen.

Wie im Falle von unfreiwilligen Minusstunden empfiehlt sich auch hier schriftlicher Protest. Teilen Sie dem Arbeitgeber aber schwarz auf weiss mit, dass Sie jederzeit bereit sind, vertragskonforme Arbeit zu leisten. Wenn Sie unsicher sind, ob Sie eine neu zugewiesene Arbeit akzeptieren müssen, holen Sie Rat bei einer Fachperson.

Als Einzige ständig zu Überstunden verknurrt

Angestellte sind von Gesetzes wegen verpflichtet, Überstunden zu leisten, sofern sie notwendig sind und dem Arbeitnehmer nach «Treu und Glauben zugemutet werden können» (Art. 321c OR). Was zumutbar ist, hängt stark von den jeweiligen Verhältnissen ab: Ist der Arbeitgeber in einer akuten Notlage, müssen Sie eher einspringen als bei vorhersehbaren Arbeitsspitzen. Unzumutbar werden die Überstunden, wenn Ihre Leistungsfähigkeit und Gesundheit überstrapaziert werden oder wenn die ständigen Überstunden Sie daran hindern, Ihre Familienpflichten wahrzunehmen. Sie müssen es sich auch nicht gefallen lassen, wenn man Ihnen immer mehr Arbeit aufhalst, während Ihre Teamkollegen stets pünktlich in den Feierabend entschwinden. Werden Sie aktiv:

- Führen Sie über geleistete Mehrarbeit Buch und zeigen Sie die Überstunden dem Vorgesetzten regelmässig an.
- Machen Sie Vorschläge, wie die Arbeit anders organisiert und verteilt werden könnte.
- Eindeutig unzumutbare Überstunden können Sie verweigern (Weigerung schriftlich begründen).
- Beschaffen Sie sich ein entsprechendes Arztzeugnis, wenn Ihre Gesundheit unter der Mehrbelastung leidet.

Achten Sie darauf, dass die Überstunden korrekt entschädigt werden. In erster Linie gilt diesbezüglich, was in Ihrem Arbeitsvertrag steht. Gibt es keine arbeitsvertragliche Regelung, haben Sie nach Gesetz einen zwingenden Anspruch entweder auf Kompensation der Überstunden mit Freizeit von gleicher Dauer oder auf finanzielle Abgeltung mit einem Lohnzuschlag von 25 Prozent (Art. 321c OR). Dies gilt auch bei Teilzeitarbeit, sobald das vereinbarte Pensum überschritten wird.

Hinweis *Der Arbeitgeber kann die gesetzeskonforme Überstundenentschädigung nur dann verweigern, wenn eine anders lautende schriftliche Vereinbarung getroffen wurde. Eine mündliche Weisung oder ein Rundschreiben genügt nicht. Sobald Sie über die gesetzliche Höchstarbeitszeit hinaus arbeiten müssen (je nach Berufsgruppe 45 bzw. 50 Stunden pro Woche, Art. 9 ArG) gelten besondere Regeln. Lassen Sie sich beraten.*

Auf unzulässige Weise überwacht

Liest der Chef Ihre E-Mails, oder haben Sie den Verdacht, dass Ihr Telefon abgehört wird? Dann können Sie sich zur Wehr setzen. Grundsätzlich gilt:

- Überwachungs- und Kontrollsysteme dürfen nicht dazu eingesetzt werden, das Verhalten der Arbeitnehmer am Arbeitsplatz zu kontrollieren (Art. 26 der Verordnung 3 zum Arbeitsgesetz).
- Telefongespräche dürfen nicht abgehört werden. Bei geschäftlichen Telefonaten kann ein Aufzeichnen oder Abhören zur Leistungs- oder Sicherheitskontrolle oder zu Ausbildungszwecken ausnahmsweise zulässig sein. Sowohl der betroffene Mitarbeiter wie auch der externe Gesprächsteilnehmer müssen aber darüber informiert werden.
- Das Surfverhalten und die E-Mail-Nutzung einzelner Angestellter darf der Arbeitgeber nur überwachen, wenn er in anonymen Stichproben Missbräuche festgestellt und die Arbeitnehmer über die Kontrollen vorgängig informiert hat. Private E-Mails darf der Arbeitgeber selbst dann nicht lesen, wenn das Versenden im betreffenden Betrieb verboten ist.

Tipp *Genauere Einzelheiten zu diesen Problemen können Sie folgenden zwei Papieren des Eidgenössischer Datenschutzbeauftragten entnehmen (zu finden unter www.edsb.ch): «Leitfaden über Internet- und E-Mail-Überwachung am Arbeitsplatz» sowie «Erläuterungen zur Telefonüberwachung am Arbeitsplatz».*

Plötzlich viel schlechtere Qualifikationen

Ein Arbeitgeber darf von seinen Angestellten einwandfreie Leistung verlangen und hier auch strenge Massstäbe setzen. Es gehört zu den Aufgaben Ihres Chefs, Ihre Arbeit zu beurteilen, Sie auf Fehler aufmerksam zu machen und mit Ihnen zu vereinbaren, wie Sie Ihre Leistung verbessern können. Berechtigte Kritik an Ihrer Arbeit müssen Sie sich also gefallen lassen. Mit Mobbing hat das nichts zu tun. Wenn Sie jedoch plötzlich ohne ersichtlichen Grund permanent kritisiert werden oder deutlich schlechtere Qualifikationen erhalten, müssen Sie dies nicht hinnehmen. Ihr Chef hat auch nicht das Recht, Sie wegen allfälliger Fehler oder sogar grundlos vor dem versammelten Team blosszustellen, lächerlich zu machen oder Ihre Person oder Ihr Aussehen abschätzig zu beurteilen.

Die Eidgenössischen Personalrekurskommission hat zu dieser Frage in einem Entscheid vom 12. Mai 2004 Folgendes festgehalten: «Eine Personalbeurteilung kann eine Mobbinghandlung darstellen, wenn sie von ihrem Zweck abweicht, darauf abzielt und bewirkt, dass die Persönlichkeit des Mitarbeiters verletzt wird, namentlich durch den Wortlaut der Beschreibungen und die Art und Weise, wie die Noten systematisch vergeben werden.»

Zentral: das Qualifikationsgespräch

Bereiten Sie sich auf Qualifikationsgespräche gut vor. Finden solche in Ihrem Betrieb nicht statt, verlangen Sie eines. Ziehen Sie selbstkritisch Bilanz über Ihre Leistungen und seien Sie auch bereit, Fehler einzugestehen. Sammeln Sie Unterlagen, mit deren Hilfe Sie belegen können, was Sie erreicht und geleistet haben. Lassen Sie sich durch unsachliche Kritik nicht provozieren oder in eine Verteidigungshaltung drängen, sondern verlangen Sie Fakten, Namen, Zahlen.

Fragen Sie Ihren Chef, was er mit den Anschuldigungen genau meint, was er an Ihrer Stelle anders gemacht hätte und was er in Zukunft von Ihnen erwartet. Es ist wichtig, dass Sie konkret wissen, was Sie anders und besser machen sollen und wie. Verlangen Sie, dass man die Ziele für die Zukunft schriftlich fixiert. Akzeptieren Sie nur Zielsetzungen, die realisierbar sind. Achten Sie darauf, dass die Ziele so formuliert werden, dass die Erfüllung objektiv kontrollierbar ist. Weitere Hinweise zum Umgang mit Vorwürfen finden Sie auf Seite 64.

Hinweis *Nehmen Sie eine neutrale Drittperson mit zum Qualifikationsgespräch, wenn die Situation allzu konfliktbeladen ist. Ein unbeteiligter Beisitzer hat einen mässigenden Einfluss und kann später als wertvoller Zeuge dienen.*

Schriftlich Stellung nehmen

Wenn Sie mit einer Leistungsbeurteilung oder mit einer schriftlichen Verwarnung durch den Arbeitgeber nicht einverstanden sind, verfassen Sie am besten eine schriftliche Stellungnahme und verlangen, dass diese zusammen mit der beanstandeten Beurteilung in Ihrer Personalakte abgelegt wird. Unterschreiben Sie keine unkorrekte Qualifikation nur um des lieben Friedens willen. Sie können dann später nicht geltend machen, Sie seien damit nie einverstanden gewesen. Allenfalls können Sie unterschreiben und gleichzeitig den Vermerk «eingesehen, aber nicht einverstanden, siehe beiliegende Stellungnahme» anbringen.

Hinweis *Sie haben das Recht, Ihre Personalakte jederzeit einzusehen und unkorrekte Daten korrigieren oder entfernen zu lassen. Den Einblick verweigern darf man Ihnen höchstens in persönliche Notizen Ihrer Vorgesetzten oder in Unterlagen, welche die betriebliche Personal- und Karriereplanung betreffen. Es ist aber nicht erlaubt, nebst dem offiziellen Personaldossier eine geheime Parallelakte zu führen, von der Sie nichts wissen dürfen. Dies würde klar gegen das Datenschutzgesetz verstossen.*

«Man» hat sich über Sie beschwert

Eine besonders perfide Methode, einen Mitarbeiter zu kritisieren, ist der Vorwurf, irgendwelche andere hätten sich über ihn beklagt. Wie soll man sich wehren oder rechtfertigen, wenn man nicht einmal weiss, wer hinter den angeblichen Beschwerden steckt und worum es sich genau handelt? Akzeptieren Sie daher keine Behauptungen, ungenannte Dritte (Kunden, Kollegen etc.) hätten sich über Sie beschwert. Stellen Sie klar, dass Sie jederzeit bereit sind, den Beschwerdeführern gegenüberzutreten und berechtigte Kritik entgegenzunehmen, dass Sie jedoch auf anonyme Anschuldigungen nicht eintreten werden. Es hat nichts mit

Persönlichkeitsschutz zu tun, wenn man anderen erlaubt, aus dem Hinterhalt über Sie herzuziehen. Wie man sich in solchen Situationen wehren kann, zeigt das Beispiel einer jungen Chemikerin.

Beispiel *Offenbar empfand ihr Chef die selbstbewusste und kompetente Sandra F. als Bedrohung. Jedenfalls begann er an ihr herumzumäkeln und warf ihr vor, einige Laborantinnen hätten sich über ihre unkollegiale und parteiische Art beklagt. Sandra F. wandte sich ans Team, um herauszufinden, wer Probleme mit ihr habe. Niemand meldete sich. Als der Chef sie zum zweiten Mal mit den Vorwürfen konfrontierte, liess sich die junge Frau von einem Anwalt beraten und schrieb daraufhin ihrem Chef einen Brief, mit Kopie ans ganze Team. Darin hielt sie fest, dass sie zweimal mit schwer wiegenden anonymen Anschuldigungen konfrontiert worden sei. Sie sei bereit, die Sache auf sich beruhen zu lassen. Sollten die Anschuldigungen jedoch weitergehen, würde sie sich rechtliche Schritte vorbehalten wegen übler Nachrede und Verleumdung. Damit war die Sache vom Tisch.*

Der Arbeitgeber verlangt Schadenersatz

Wenn Mobbingopfer sich zu wehren beginnen oder Angestellte ganz allgemein auf ihre Rechte pochen, kommt es nicht selten vor, dass Arbeitgeber versuchen, die Aufmüpfigen mit Gegenforderungen mundtot zu machen.

Beispiel *Marco H. hatte über Jahre massiv Überstunden geleistet, die trotz zahlreicher Zusicherungen nie entschädigt wurden. Nachdem ihm aus fadenscheinigen Gründen gekündigt worden war, präsentierte er dem Arbeitgeber eine detaillierte Abrechnung. Doch dieser wies die Forderung zurück und schrieb «… Für den Fall, dass Sie an der Forderung festhalten, möchte ich Sie jetzt schon darauf aufmerksam machen, dass wir in der Zwischenzeit massive Fehler in diversen Ihrer Kalkulationen festgestellt haben. Der Firma ist dadurch ein Schaden von schätzungsweise gegen 100 000 Franken erwachsen. Wir behalten uns vor, diese Summe von Ihnen einzufordern.»*

Was ist von solchen Forderungen zu halten? Wann kann ein Arbeitnehmer für Fehler überhaupt haftbar gemacht werden? Zunächst einmal können Arbeitnehmerinnen und Arbeitnehmer nur haftbar gemacht werden, wenn sie den Schaden auch wirklich verursacht haben und wenn ihnen ein Verschulden nachgewiesen werden kann – wenn der Fehlbare sich also beispielsweise über Weisungen und Sicherheitsvorschriften hinweggesetzt oder Sorgfaltsregeln missachtet hat. Entscheidend ist die Schwere des Verschuldens:

- Bei leichter Fahrlässigkeit besteht in der Regel keine Haftung.
- Bei mittlerer Fahrlässigkeit geht man von einer eingeschränkten Haftung aus.
- Bei grober Fahrlässigkeit – zum Beispiel Trunkenheit am Steuer, Fahren mit übersetzter Geschwindigkeit, achtloses Herumliegenlassen des Service-Portemonnaies – besteht eine volle Haftung.

Weiter spielen eine Rolle: Berufsrisiko, Erfahrung, Fähigkeiten und Fachkenntnisse des Arbeitnehmers sowie allfälliges Mitverschulden des Arbeitgebers. Ein Chef, der ungeeignetes Personal mit komplizierten Aufgaben betraut, ist selber schuld. Jeder Einzelfall muss genau untersucht werden (Art. 321e OR).

Unzulässige Einschüchterungsversuche

Pauschale Schadenersatzforderungen aus heiterem Himmel, die durch nichts belegt sind, muss man also nicht akzeptieren. Dazu kommt noch, dass der Arbeitgeber eine allfällige Schadenersatzforderung geltend machen muss, sobald er vom Schaden erfährt. Laut Bundesgericht ist von einem Verzicht auszugehen, wenn der Arbeitgeber bis zum Ende des Arbeitsverhältnisses für bekannte Schäden keine Forderung stellt (BGE 110 II 344). Bei der Forderung im Beispiel von Marco H. liegt denn auch der Verdacht nahe, dass es sich um einen unzulässigen Einschüchterungsversuch handelt.

Achtung *Wenn Sie mit Schadenersatzforderungen konfrontiert werden, die für Sie nicht nachvollziehbar sind, sollten Sie stets eine genaue Begründung und Schadensaufstellung verlangen. Denken Sie daran, dass Sie nur bei grober Fahrlässigkeit voll haften, wobei bei so genannt scha-*

densgeneigten, also risikoreichen Tätigkeiten die Haftung noch gemildert ist. Lassen Sie sich juristisch beraten und wehren Sie sich notfalls vor Arbeitsgericht.

Die Mobber zur Verantwortung ziehen

Es ist nicht nur eine Pflicht des Arbeitgebers, gegen Mobbing vorzugehen und die Mobber zur Rechenschaft zu ziehen, sondern liegt auch in seinem Interesse. Denn mit den Mobbinghandlungen verletzen die Täter ihre Treuepflicht gegenüber dem Betrieb. Keinem Unternehmen kann daran gelegen sein, dass einzelne Angestellte ihre Zeit mit dem Planen und Durchführen von Intrigen verbringen und die Leistungsfähigkeit anderer Mitarbeiter beeinträchtigen:

- Der Arbeitgeber kann mobbende Angestellte verwarnen, versetzen oder ihnen selbstverständlich auch kündigen.
- In schwer wiegenden Fällen ist eine fristlose Entlassung möglich, sofern eine Weiterbeschäftigung wegen massiver Störung des Betriebsklimas nicht mehr zumutbar ist. In der Regel wird es in solchen Fällen eine vorherige schriftliche Verwarnung brauchen, bevor der Arbeitgeber zu dieser einschneidenden Massnahme greifen kann.

Sie selbst können grundsätzlich aber auch direkt gegen die mobbenden Kollegen vorgehen und Schadenersatzforderungen stellen. Allerdings ist dies nur in Ausnahmefällen Erfolg versprechend. Denn zu den Kollegen stehen Sie in keinem Vertragsverhältnis und können daher – anders als gegenüber dem Arbeitgeber – keine Vertragsverletzung geltend machen. Eine Schadenersatzklage (Art. 41 ff. OR) gegenüber den Mobbern hat nur einen Sinn, wenn Sie Folgendes beweisen können:

- dass Ihnen ein finanzieller Schaden entstanden ist, zum Beispiel ungedeckte Krankheitskosten,
- dass dieser Schaden von den mobbenden Kollegen schuldhaft verursacht wurde,
- und dass diese widerrechtlich oder sittenwidrig gehandelt haben. Widerrechtlich bedeutet, dass die Mobber gegen geltende Gesetze verstossen haben.

Machen sich Mobber strafbar?

Zu den typischen Mobbinghandlungen gehören auch verbale Attacken wie abschätzige Bemerkungen, das Verbreiten von Gerüchten bis hin zu schwerer Beleidigung und Beschimpfung. Unter bestimmten Voraussetzungen können Mobbinghandlungen somit strafrechtlich relevant sein.

Beispiel *Sebastian T. wird seit einiger Zeit von zwei Kollegen schikaniert. Bei jeder Gelegenheit lassen sie ihn ihre Geringschätzung spüren. Eines Tages lässt sich der eine zu der Bemerkung hinreissen, Sebastian T. nehme es offensichtlich nicht so genau mit der Einhaltung der Arbeitszeit und habe wohl so seine Tricks, um die Stempeluhr zu überlisten. «Ich möchte nicht wissen, um wie viel Stunden er das Unternehmen schon betrogen hat», fügt er wörtlich hinzu. Sebastian T., dem die Beschuldigung hinterbracht wird, hat genug. Kann er den üblen Kollegen wegen Ehrverletzung einklagen?*

Unter dem Überbegriff der Ehrverletzung kennt das Strafrecht drei Straftatbestände: die üble Nachrede, die Verleumdung und die Beschimpfung. Gemeinsam ist allen, dass der Täter ehrenrührige Äusserungen macht, die den Ruf einer Person schädigen oder sie beleidigen. Diese Voraussetzungen sind im Fall von Sebastian T. sicher gegeben.

- Der **üblen Nachrede** (Art. 173 StGB) macht sich schuldig, wer über jemanden Tatsachenbehauptungen verbreitet, die geeignet sind, seinen Ruf als ehrbarer Mensch herabzusetzen (Strafmass: Busse oder Gefängnis bis sechs Monate). Straflos bleibt, wer beweisen kann, dass eine Behauptung wahr ist oder für wahr gehalten werden durfte.
- Wer genau weiss, dass eine behauptete ehrverletzende Tatsache falsch ist, begeht eine **Verleumdung** (Art. 174 StGB). In diesem Fall beträgt das Strafmass Busse oder Gefängnis bis drei Jahre.
- Wer gegenüber dem Opfer und gegenüber Dritten ein ehrverletzendes Werturteil äussert (etwa «Gauner» oder «Sauhund»), begeht eine **Beschimpfung** (Art. 177 StGB). Strafmass: Busse oder Gefängnis bis drei Monate. Hat der Beschimpfte durch sein ungebührliches Verhalten die Beschimpfung unmittelbar provoziert, so kann der Richter den Täter von der Strafe befreien.

Ehrverletzungsdelikte sind Antragsdelikte. Als betroffene Person müssen Sie also Anzeige erstatten, und zwar innert dreier Monate nach dem Vorfall. Das Verfahren ist kantonal unterschiedlich geregelt. Meist findet zunächst eine Verhandlung vor dem Friedensrichter statt. Erst wenn dort keine Einigung gelingt, kann vor Gericht geklagt werden.

Hinweis *Weitere Straftatbestände, die im Zusammenhang mit Mobbing in Frage kommen, sind: Drohung (Art. 180 StGB), Nötigung (Art. 181 StGB) und einfache Körperverletzung (Art. 123 StGB).*

Strafklage: nur in krassen Fällen sinnvoll

Ehrverletzungsprozesse sind selten sinnvoll und nur dann angebracht, wenn man die Ehrverletzung beweisen kann. Der Prozess ist in der Regel langwierig und für alle Beteiligten äusserst unerfreulich. Oft verhärten sich dadurch die Fronten so sehr, dass danach die Situation noch schwieriger wird. Und wenn Sie als Kläger unterliegen, kann Sie das Verfahren teuer zu stehen kommen. Aber auch wenn man Recht bekommt, ist im besten Fall eine dreistellige Geldsumme zu erwarten. Der Schuldige wird in der Regel mit einer Busse von mehreren hundert bis mehreren tausend Franken bestraft. Eine Ehrverletzungsklage lohnt sich daher nur in wirklich krassen Fällen. Je beleidigender ein Vorwurf, je weniger zutreffend er war und je grösser das Publikum, umso besser sind die Chancen, einen Prozess zu gewinnen.

Prüfenswerte Alternative: die Zivilklage

Wollen Sie in erster Linie Ihren guten Ruf retten, bringt eine Zivilklage wegen Verletzung der Persönlichkeit (Art. 28 ff. ZGB) unter Umständen mehr als eine Strafklage. Mit einer zivilrechtlichen Klage können Sie verlangen, dass eine Persönlichkeitsverletzung festgestellt wird und in Zukunft zu unterbleiben hat. Falls die Voraussetzungen gemäss Art. 41 OR erfüllt sind (siehe Seite 88) können Sie darüber hinaus Schadenersatz oder Genugtuung einfordern.

Achtung *Nicht jede Beleidigung ist eine Ehrverletzung im juristischen Sinn. Wer von einer erwerbstätigen Person behauptet, ihre Fachkenntnisse seien «von vorgestern», begeht beispielsweise keine Ehrverletzung.*

Diese Äusserung bezieht sich nur auf die beruflichen Fähigkeiten des Betroffenen und nicht auf seinen Charakter. In diesem Fall gibt es nur die erwähnte Möglichkeit einer Klage wegen Verletzung der Persönlichkeitsrechte gemäss Zivilgesetzbuch.

Spezialfall: Diskriminierung gemäss Gleichstellungsgesetz

Falls Sie am Arbeitsplatz wegen Ihres Geschlechts diskriminiert oder gar sexuell belästigt werden, haben Sie dank des Gleichstellungsgesetzes (GlG), das am 1. Juli 1996 in Kraft getreten ist, besondere Möglichkeiten, sich zu wehren.

Was heisst Diskriminierung?

Das Gleichstellungsgesetz verbietet die direkte oder indirekte Benachteiligung von Arbeitnehmenden aufgrund ihres Geschlechts, namentlich unter Berufung auf den Zivilstand, auf die familiäre Situation oder, bei Arbeitnehmerinnen, auf eine Schwangerschaft. Das Verbot der Diskriminierung gilt für die Anstellung, die Aufgabenzuteilung, die Gestaltung der Arbeitsbedingungen, die Entlöhnung, die Aus- und Weiterbildung, die Beförderung und die Entlassung (Art. 3 GlG). Diskriminierend ist jede unterschiedliche Behandlung, für die keine sachliche Rechtfertigung besteht.

Diskriminierung aufgrund des Geschlechts und Mobbing sind nicht dasselbe. Diskriminierung kann ein einmaliger Akt sein – eine Mitarbeiterin wird zum Beispiel nicht befördert, weil sie eine Frau ist –, während es bei Mobbing um wiederholte und zielgerichtete destruktive Handlungen über einen längeren Zeitraum hinweg geht. Es kommt jedoch immer wieder vor, dass vor allem weibliche Mobbingopfer gedemütigt, beleidigt, ausgegrenzt und sogar sexuell belästigt werden, weil sie Frauen sind. Ist dies der Fall, kann sich die Betroffene auf die Regeln des Gleichstellungsgesetzes berufen und sich gestützt darauf zur Wehr setzen.

Tipp *Weitere Informationen zum Gleichstellungsgesetz und zur Gleichstellung von Mann und Frau im Berufsleben finden Sie im Internet unter: www.equality-office.ch.*

So setzen Sie sich zur Wehr

Wenn Sie sich gegen eine Diskriminierung am Arbeitsplatz zur Wehr setzen wollen, ist Folgendes zu beachten:

- In den Kantonen gibt es Schlichtungsstellen gegen Diskriminierungen im Erwerbsleben (siehe Anhang). Dort können Sie sich beraten lassen. Die Schlichtungsstelle kann auch versuchen, eine Einigung mit Ihrem Arbeitgeber herbeizuführen. Führt das Schlichtungsverfahren nicht zum Erfolg, besteht die Möglichkeit, Klage beim Arbeitsgericht einzureichen (siehe Seite 107).
- Vor Gericht können Sie verlangen, dass entweder eine drohende Diskriminierung verboten, eine bestehende Diskriminierung beseitigt, die Diskriminierung festgestellt oder Ihnen Schadenersatz zugesprochen wird, sofern ein materieller Schaden entstanden ist.
- Sie müssen dabei die Diskriminierung nicht beweisen, sondern nur glaubhaft machen. Das heisst, Sie müssen Tatsachen anführen können, die eine Diskriminierung als wahrscheinlich erscheinen lassen. Gelingt dies, so liegt es am Arbeitgeber zu beweisen, dass er sich korrekt verhalten hat.
- Falls sich die Diskriminierung voraussichtlich auf eine grössere Zahl von Arbeitsverhältnissen auswirkt, können auch Organisationen, die in Gleichstellungsfragen aktiv sind, Klage einreichen und eine Diskriminierung feststellen lassen.
- Wenn Sie sich gegen eine Diskriminierung zur Wehr setzen, sind Sie während der Dauer eines innerbetrieblichen Beschwerdeverfahrens, eines Schlichtungs- oder Gerichtsverfahrens sowie sechs Monate darüber hinaus gegen Kündigung geschützt.
- Wird Ihnen trotzdem gekündigt, müssen Sie die Kündigung vor Ende der Kündigungsfrist gerichtlich anfechten. Das Gericht kann daraufhin Ihre provisorische Wiederanstellung zumindest bis zur ordentlichen Beendigung des Verfahrens anordnen. Sie können jedoch auf die Weiterführung des Arbeitsverhältnisses verzichten und eine

Entschädigung in einer Höhe von maximal sechs Monatslöhnen geltend machen.
- Sowohl das Schlichtungsverfahren wie auch die gerichtliche Auseinandersetzung sind unabhängig vom Streitwert kostenlos.

Schutz vor sexueller Belästigung

Anzügliche Bemerkungen, aufdringliche Blicke und Anmache, sexistische Sprüche, unerwünschte Körperkontakte bis hin zu sexuellen Übergriffen, Nötigung, Vergewaltigung: Sexuelle Belästigung gibt es in den verschiedensten Formen. Entscheidend dabei ist, dass die betreffenden Handlungen als unerwünscht und persönlichkeitsverletzend empfunden werden. Mit Liebe und Flirt am Arbeitsplatz hat dies nichts zu tun, sondern vielmehr mit Frauenverachtung und Machtmissbrauch.

Sexuelle Belästigung kann Bestandteil von Mobbing sein. Mobbing muss nicht, kann aber auch sexuelle Belästigung beinhalten. Das Gleichstellungsgesetz definiert sexuelle Belästigung folgendermassen: «Diskriminierend ist jedes belästigende Verhalten sexueller Natur oder ein anderes Verhalten aufgrund der Geschlechtszugehörigkeit, das die Würde von Frauen und Männern am Arbeitsplatz beeinträchtigt. Darunter fallen insbesondere Drohungen, das Versprechen von Vorteilen, das Auferlegen von Zwang und das Ausüben von Druck zur Erlangung eines Entgegenkommens sexueller Art» (Art. 4 GlG). Sexuelle Belästigung ist auch eine strafbare Handlung im Sinne der Art. 187 bis 200 des Schweizerischen Strafgesetzbuches (StGB).

Was der Arbeitgeber vorkehren muss

Arbeitgeber dürfen sexuelle Belästigung in ihren Betrieben nicht dulden. Sie sind sogar ausdrücklich verpflichtet, dafür zu sorgen, «dass Arbeitnehmerinnen und Arbeitnehmer nicht sexuell belästigt werden und dass den Opfern von sexuellen Belästigungen keine weiteren Nachteile entstehen» (Art. 328 OR). Sie müssen daher alle zumutbaren Vorkehren zur Vermeidung solcher Vorfälle treffen. Dazu gehört zum

Beispiel die umfassende Information der Führungskräfte und Mitarbeitenden. In der Wegleitung zur Verordnung 3 zum Arbeitsgesetz, welches den Gesundheitsschutz regelt, heisst es dazu:

«Der Arbeitgeber ist gehalten, ein Konzept auszuarbeiten, worin Sensibilisierung, Schulung, Information und eine geeignete Organisation die Hauptinstrumente bilden, um Betrieb und Arbeitsklima für alle Arbeitnehmerinnen und Arbeitnehmer von der Gefahr sexueller Belästigung freizuhalten. Die Tatsache, dass das Unternehmen sexuelle Belästigung nicht toleriert, sollte im Betriebsreglement verankert sein. Dem ganzen Personal muss bekannt sein, wie Opfer im Falle sexueller Belästigung vorgehen sollen und welche Sanktionen den Täter oder die Täterin erwarten … Eine geeignete Methode … ist die Ernennung einer Vertrauensperson, welche den Betroffenen beratend und unterstützend beisteht.»

Der Arbeitgeber hat in dieser Hinsicht also ganz klare gesetzliche Pflichten. Verletzt er diese, kann er eingeklagt und zur Bezahlung einer Entschädigung verurteilt werden.

So gehen Sie gegen Übergriffe vor

Mobbingopfer sind häufig völlig verunsichert und suchen den Fehler bei sich. Wenn sexuelle Belästigung Teil der Schikane ist, spitzt sich die Situation für sie noch weiter zu. Halten Sie sich vor Augen, dass Sie dies auf keinen Fall erdulden müssen. Weder Sie noch Ihr Aussehen oder Auftreten sind «schuld» an dem, was Ihnen passiert ist. Für sexuelle Belästigung gibt es keine Rechtfertigung. Vertrauen Sie auf Ihr Urteil, und handeln Sie:

- Machen Sie dem Belästiger umgehend unmissverständlich klar, dass Sie sein Verhalten nicht tolerieren. Wenn eine mündliche Intervention nichts nützt, fordern Sie ihn schriftlich auf, die Belästigungen zu unterlassen (siehe Seite 96).
- Sprechen Sie mit einer Vertrauensperson über die Vorfälle, aber auch mit anderen Frauen an Ihrem Arbeitsplatz. Sie sind möglicherweise nicht als Einzige betroffen und könnten sich dann gemeinsam wehren.

- Klären Sie ab, wer in Ihrem Betrieb als offizielle Ansprechperson für derartige Fälle zuständig ist und ob es schriftliche Richtlinien zum Thema sexuelle Belästigung gibt. Hilfe können Sie auch von einer Betriebskommission oder Ihrer Gewerkschaft bekommen.
- Halten Sie die Übergriffe in einem Tagebuch fest.
- Wenden Sie sich direkt (am besten schriftlich) an den Arbeitgeber (Personalchef, Geschäftsleitung) und verlangen Sie, dass er gegen den Belästiger einschreitet. Der Arbeitgeber ist dazu verpflichtet.

Der Schutz vor Kündigung

Keine Frau soll sexuelle Belästigungen hinnehmen müssen aus Angst, ihren Arbeitsplatz zu verlieren. Der spezielle Kündigungsschutz bei Diskriminierung (siehe Seite 92) gilt auch bei sexueller Belästigung. Wird Ihnen also ohne begründeten Anlass gekündigt, nachdem Sie sich wegen sexueller Belästigung beschwert haben, können Sie provisorische Wiederanstellung oder finanzielle Entschädigung einklagen.

Tipp *Weitere Informationen und Hinweise finden Sie in folgender Gratisbroschüre, die vom Eidgenössischen Büro für die Gleichstellung von Frau und Mann herausgegeben wurde: Genug ist genug. Ein Ratgeber gegen sexuelle Belästigung am Arbeitsplatz (Art.-Nr. 301.922 d). Zu beziehen bei: BBL, Bundesamt für Bauten und Logistik, 3003 Bern, E-Mail: verkauf.zivil@bbl.admin.ch.*

Brief an den Belästiger

Schreiben Sie einen Brief an die belästigende Person. Dieses Vorgehen hat den Vorteil der Diskretion. Der Belästiger wird nicht blossgestellt, er bekommt eine Chance zur Einsicht. Mit einem Brief kann zudem Abstand gewahrt und die Peinlichkeit einer direkten Konfrontation vermieden werden. Das Vorgehen hat keine negativen Auswirkungen für die Abteilung und auf den Arbeitsplatz. Gemäss amerikanischen Umfragen ist diese Methode sehr erfolgreich. Als Nachteil müssen Sie Folgendes in Betracht ziehen: Ein gemeinsames Vorgehen mit anderen möglicherweise betroffenen Personen ist unmöglich, da der Fall nicht thematisiert wird. Auch Linienvorgesetzte und Personalverantwortliche können ihre Verantwortung nicht wahrnehmen.

So schreiben Sie den Brief an den Belästiger

Als Grundregel gilt: Formulieren Sie möglichst sachlich und präzise! Hier ein möglicher inhaltlicher Aufbau und ein paar Beispiele:

1. Beschreibung der Tatsachen ohne eigene Wertung

Benennen Sie konkret den Zeitpunkt des Vorfalls und die Art der Belästigung.

«Mehrmals in den vergangenen Wochen haben Sie mir den Arm um die Schulter gelegt, mich gestreichelt.»

«Am 18. Juni haben Sie mich in einem Gespräch auf meine sexuellen Praktiken angesprochen.»

2. Beschreibung der eigenen Gefühle

Beschreiben Sie, welche Gefühle die Belästigung bei Ihnen ausgelöst hat.

«Es war mir unangenehm.»

«Ich habe noch nie eine so beschämende Situation erlebt.»

«Ich fürchte, nicht gerecht beurteilt zu werden.»

«Es fällt mir schwer, in dieser Situation mit Ihnen zusammenzuarbeiten.»

3. Forderung

Fordern Sie von der belästigenden Person, dass sie das von Ihnen nicht gewünschte Verhalten einstellt. Beschreiben Sie eventuell, welche zukünftige Form der Zusammenarbeit Sie erwarten.

«Ich erwarte künftig eine rein professionelle Beziehung, und dass Sie mir keine intimen Details aus Ihrem Privatleben erzählen.»

«Ich erwarte, dass Sie mir künftig keine sexistischen Witze mehr erzählen.»

«Ich will von Ihnen weder berührt noch auf meine Sexualität angesprochen werden.»

4. Eventuell Androhung von Konsequenzen

Drohen Sie weitere Schritte an für den Fall, dass Ihre Forderungen nicht erfüllt werden.

«Sollten Sie meine Erwartungen nicht erfüllen, so werde ich mir geeignete Schritte vorbehalten.»

5. Mögliche Zusätze

«Ich erwarte eine Antwort.»

«Ich bitte Sie, diesen Brief zu bestätigen.»

«Ich erwarte eine persönliche Entschuldigung.»

Falls früher ein enger Kontakt bestand: «Ich erwarte zukünftig ein ausschliesslich kollegiales Verhalten.»

Vergessen Sie nicht, den Brief eingeschrieben abzuschicken.
Machen Sie eine Kopie von ihm – aber verteilen Sie ihn nicht an andere Personen am Arbeitsplatz.

Quelle: Eidgenössisches Personalamt EPA

Wenn keine Einigung möglich ist

Auch bei sexueller Belästigung können Sie sich an die kantonalen Schlichtungsstellen gegen Diskriminierungen im Erwerbsleben wenden (siehe Anhang). Sie können aber auch beim zuständigen Gericht Klage einreichen (siehe Seite 107). Wenn Sie vor Gericht gehen möchten, müssen Sie die Übergriffe beweisen können. Ein blosses Glaubhaftmachen wie bei sonstiger Diskriminierung reicht nicht aus (Art. 6 GlG). Allerdings genügt im Unterschied zu einem Strafverfahren (siehe unten) eine an Sicherheit grenzende Wahrscheinlichkeit. Das heisst, Indizienbeweise – etwa Arztzeugnisse, allgemeine Beobachtungen von Arbeitskolleginnen, Protestschreiben an den Belästiger, Tagebucheinträge – können als Beweise anerkannt werden. Es ist daher wichtig, derartige Belege zu sammeln.

Wenn der Arbeitgeber dann nicht beweisen kann, dass er alle notwendigen Massnahmen getroffen hat, um sexuelle Belästigungen zu vermeiden oder zu beenden, kann der Richter (muss aber nicht) der Betroffenen eine Entschädigung zusprechen. Diese beträgt maximal sechs Monatslöhne, wobei als Massstab der schweizerische Durchschnittslohn gilt. Erleidet die betroffene Person infolge der Übergriffe eine finanzielle Einbusse, ist zusätzlich Schadenersatz geschuldet, bei einer erheblichen Persönlichkeitsverletzung kann auch ein Schmerzensgeld (Genugtuung) verlangt werden.

Strafverfahren gegen den Belästiger?

Parallel zum Verfahren nach Gleichstellungsgesetz, welches nicht den Belästiger direkt belangt, sondern den Arbeitgeber wegen Pflichtverletzung zur Rechenschaft zieht, können Sie Strafanzeige gegen den Belästiger einreichen (Art. 198 StGB). Bei der sexuellen Belästigung handelt es sich um ein Antragsdelikt. Das bedeutet, dass die Anzeige innert dreier Monate nach der Tat erfolgen muss. Danach ist es zu spät. Zudem müssen Sie die Belästigung hieb- und stichfest beweisen können, da sonst das Prinzip «im Zweifel für den Angeklagten» gilt. Der Beweis dürfte in den allermeisten Fällen jedoch sehr schwierig sein.

Leider ist ein Strafverfahren bei sexueller Belästigung in vielen Fällen nicht Erfolg versprechend. Können Sie die Belästigung nicht beweisen, riskieren Sie womöglich eine Ehrverletzungsklage des Beschuldigten. Die Chancen im Verfahren nach Gleichstellungsgesetz stehen in der Regel besser. Lassen Sie sich rechtlich beraten.

Hinweis *Liegt eine Straftat gemäss Strafgesetzbuch vor, haben Opfer sexueller Belästigung gemäss Opferhilfegesetz (OHG) Anspruch auf Opferhilfe, wenn sie eine Beeinträchtigung ihrer körperlichen, sexuellen oder psychischen Integrität erlitten haben. Die Straftat muss nicht im strengen Sinn bewiesen sein: Für Opferhilfeleistungen ist die Einleitung bzw. Durchführung eines Strafverfahrens nicht zwingend. Das Opfer erhält unentgeltliche Beratung und Soforthilfe, Schutz vor Strafverfahren und eine Entschädigung und / oder Genugtuung.*

5. Professionelle Hilfe in Anspruch nehmen

Viele Mobbingopfer müssen feststellen, dass sie sich alleine nicht erfolgreich zur Wehr setzen können. Dann ist es besser, auswärts Hilfe zu holen, und zwar lieber früher als später. Dieses Kapitel stellt Ihnen Institutionen und Fachleute vor, die Ihnen bei Mobbing Unterstützung bieten können.

Hier finden Sie Unterstützung

Versuchen Sie nicht, im Alleingang gegen eine Mauer aus Unverständnis und Ablehnung anzurennen. Damit vergeuden Sie nur Ihre letzten Kräfte und schaden Ihrer Gesundheit. Holen Sie sich rechtzeitig professionelle Hilfe und Beratung. Das Gespräch mit externen Fachleuten wird Ihnen auch helfen, die zunehmende Isolation zu überwinden, unter der Mobbingopfer so häufig leiden.

Als Mobbingopfer Hilfe zu holen, ist kein Zeichen von Schwäche. Je früher Sie dies tun, umso eher kann es gelingen, mit Hilfe des externen Beraters noch etwas zu bewirken. Claudia Stam von der Mobbingberatungsstelle Zürich bedauert, dass viele Leute sich zu spät melden: «Wenn sie entweder schon gekündigt oder gesundheitlich bereits so angeschlagen sind, dass sie es an ihrem Arbeitsort nicht mehr aushalten, kann man natürlich nicht mehr viel machen», betont die Fachfrau. «Je früher man kommt, umso besser.»

In den folgenden Abschnitten erfahren Sie, wo Sie Hilfe bei Mobbing finden können. Dabei sollten Sie Folgendes beachten:

- Mobbing verursacht sowohl psychologische wie auch juristische Probleme. Überlegen Sie deshalb in einem ersten Schritt, was für Hilfe Sie am dringendsten brauchen, und wenden Sie sich dann an die betreffenden Fachpersonen.
- Klären Sie ab, was die betreffende Person oder Institution Ihnen bieten kann und mit welchen Kosten Sie rechnen müssen. Stellen Sie auch klar, welche Erwartungen und Bedürfnisse Sie haben.
- Achten Sie bei der Auswahl der Person, die Ihnen helfen soll, nicht nur darauf, dass sie eine anerkannte Fachausbildung hat, sondern auch, dass die Chemie zwischen Ihnen beiden stimmt. Er oder sie sollte sympathisch auf Sie wirken und Ihnen das Gefühl geben, dass Sie ernst genommen werden. Wenn Sie kein Vertrauen fassen können, gehen Sie woanders hin.

Tipp *Im Anhang finden Sie einige Adressen von Beratungsstellen und Fachleuten, die sich auf Mobbing spezialisiert haben. Weitere Adressen in Ihrer Region finden Sie auf der Website der Schweizerischen Mobbing-Zentrale: www.mobbing-zentrale.ch.*

Juristische «erste Hilfe»: Rechtsberatungsstellen

Wer seine Rechte kennt, kann sich besser wehren. Informieren Sie sich daher frühzeitig, wenn Sie bei Konflikten am Arbeitsplatz unsicher sind, welche Ansprüche und Pflichten Sie haben. Juristische «erste Hilfe» für einfachere Rechtsfragen gibt es an verschiedenen Orten gratis.

- Als Abonnentin oder Abonnent des Beobachters können Sie sich jeden Werktag von 9 bis 13 Uhr kostenlos an die Hotline Arbeit des Beobachters wenden (Tel. 043 444 54 01). Rechtliche Infos rund um die Uhr finden Sie auf der Internet-Wissensdatenbank helpOnline unter www.beobachter.ch. Rechtsberatungsdienste gibt es auch bei anderen Zeitschriften und Zeitungen.
- Kostenlose telefonische Rechtsauskünfte erteilt auch die Schweizerische Mobbing-Zentrale (Adresse siehe Anhang).
- Viele erstinstanzliche Gerichte bieten Rechtsberatung an (Adressen siehe Anhang).
- In den meisten Kantonen betreiben die Anwaltsverbände unentgeltlich oder gegen Entrichtung einer bescheidenen Gebühr Rechtsberatung. Ohne Voranmeldung können Sie sich im persönlichen Gespräch in der Rechtsauskunftsstelle beraten lassen. In der Regel stehen dafür 15 bis 30 Minuten zur Verfügung. In einigen Kantonen können Rechtsfragen auch telefonisch gestellt werden. Eine Liste der kantonalen Rechtsauskunftsstellen finden Sie unter www.swisslawyers.com.
- Als Staatsangestellte können Sie sich in einigen Kantonen an Ombudsstellen wenden, welche als Schlichter zwischen Staat und Bürger fungieren. Die Adressen der zurzeit existierenden Ombudsstellen finden Sie unter: www.ombudsman-ch.ch.
- Arbeitsrechtliche Informationen finden Sie auch im Internet, zum Beispiel auf der Homepage des Staatssekretariats für Wirtschaft (seco) unter: www.arbeitsbedingungen.ch.

Achtung *Telefonische kostenlose Rechtsberatung eignet sich nicht dazu, komplexe Mobbingsituationen zu erörtern, sondern dient eher der gezielten Beantwortung von einfacheren Rechtsfragen. Überlegen Sie sich vorher, was Sie wissen möchten, und halten Sie allfällige Unterlagen (Arbeitsvertrag, Personalreglement, Briefwechsel mit dem Arbeitgeber) bereit.*

Beistand für Mitglieder: Gewerkschaften und Berufsverbände

In Gewerkschaften oder Berufsverbänden schliessen sich Arbeitnehmerinnen und Arbeitnehmer zusammen, um ihre gemeinsamen Interessen wahrzunehmen. Diese Organisationen vertreten die Anliegen ihrer Mitglieder und der Arbeitnehmenden insgesamt gegenüber den Arbeitgebern, aber auch gegenüber staatlichen und weiteren Instanzen.

Daneben bieten die Arbeitnehmerorganisationen auch Hilfestellung für Mitglieder bei individuellen Problemen am Arbeitsplatz. Als Gewerkschafts- oder Verbandsmitglied können Sie in der Regel von einem kostenlosen Rechtsschutz für arbeitsrechtliche Streitigkeiten profitieren. Im Falle von Mobbing können Sie sich also an das regionale Sekretariat Ihrer Gewerkschaft wenden und Unterstützung holen. Diese reicht von der einfachen Beratung über Interventionen beim Arbeitgeber bis hin zu Vertretung vor Gericht, sofern die Erfolgsaussichten intakt sind. Vom Rechtsschutz profitieren können Sie allerdings häufig erst nach einer bestimmten Mitgliedschaftsdauer; bei der Gewerkschaft Unia beispielsweise sind das drei Monate. Erkundigen Sie sich diesbezüglich, wenn Sie sich wegen Ihrer Mobbingsituation überlegen, einer Gewerkschaft beizutreten.

Nebst der individuellen Unterstützung organisieren Berufsverbände und Gewerkschaften auch berufliche Aus- und Weiterbildungsveranstaltungen. Dazu gehören auch Kurse zum Thema Mobbing, Konfliktlösung, Durchsetzungsvermögen in Gruppen etc. Für Mitglieder sind solche Kurse häufig kostenlos.

Tipp *Weitere Informationen finden Sie auf den Internetseiten der Gewerkschaftsdachverbände: www.sgb.ch und www.travailsuisse.ch. Für kaufmännische Angestellte: www.kvschweiz.ch.*

Spezialisierte Vertretung: Rechtsanwältin oder Rechtsanwalt

Wenn Sie beschliessen, sich gegen Mobbing mit rechtlichen Mitteln zu wehren, werden Sie nicht darum herumkommen, einen spezialisierten Anwalt beizuziehen. In erster Linie wird es darum gehen, dass er Sie berät und Ihnen aufzeigt, welche rechtlichen Möglichkeiten Ihnen offen stehen und wie die Erfolgsaussichten zu beurteilen sind. Wenn Sie dies wollen, kann er Sie zu einem Gespräch in Ihrer Firma begleiten. Er kann zudem auch ohne Ihr Beisein mit Ihrem Arbeitgeber verhandeln und versuchen, eine gütliche Lösung zu erzielen, beispielsweise eine Abfindung für Sie herauszuholen. Einen Anwalt oder eine Anwältin konsultieren bedeutet nicht zwangsläufig, dass es zu einem Prozess kommt.

Das erste Gespräch

Rechtsbeistand ist teuer. Bereits das erste Gespräch ist kostenpflichtig. Bereiten Sie sich daher gut darauf vor. Nehmen Sie alle Unterlagen mit, die mit Ihrem Fall zusammenhängen. Notieren Sie sich Ihre Fragen. Reden Sie offen mit Ihrem Anwalt, Ihrer Anwältin – auch über Dinge, die gegen Sie sprechen. Nur wenn sie über Ihren Fall genau Bescheid wissen, können sie die richtigen Ratschläge geben und die erforderlichen Schritte einleiten.

Bitten Sie um Beantwortung folgender Fragen:

- Wie beurteilen Sie die Chance, dass mein Problem gelöst werden kann?
- Welche Möglichkeiten gibt es, um mein Problem zu lösen? Wären Sie bereit, den Fall zu übernehmen?
- Mit welchen Kosten muss ich rechnen? Honorar, Gerichtskosten, Sonstiges?
- Welche konkreten Schritte werden Sie jetzt für mich unternehmen? Was werden Sie als Erstes tun?
- Wie soll ich selbst mich verhalten? Was soll ich als Nächstes tun?
- Worauf ist sonst noch zu achten?

Hinweis *Ein guter Anwalt wird Sie nicht zu einer Klage drängen, sondern Ihnen vielmehr die Chancen und Risiken eines Prozesses offen erläutern und Sie auch ehrlich darauf aufmerksam machen, wenn die Sache aussichtslos erscheint.*

Bestehen Sie darauf, dass der Anwalt oder die Anwältin jeden geplanten Schritt vorher mit Ihnen abspricht. Wenn Sie mit den Leistungen des Anwalts nicht zufrieden sind, können Sie ihm jederzeit das Mandat entziehen.

Die Honoraransätze

Wenn Sie sich von einem Anwalt vor Gericht vertreten lassen, ist die Höhe der Vergütung dafür in den kantonalen Verordnungen über die Anwaltsgebühren festgelegt. Darüber lässt sich nicht diskutieren. Im Übrigen, also zum Beispiel für eine Beratung, können Klient und Anwalt das Honorar frei vereinbaren. Üblich sind Ansätze, die je nach Höhe des Streitwerts abgestuft sind. Sie bewegen sich etwa zwischen 200 und 450 Franken pro Stunde. Besprechen Sie bereits beim ersten Gespräch, mit welchen Kosten Sie zu rechnen haben. Denken Sie daran, dass Ihnen zusätzlich zum Honorar auftragsbezogene Spesen wie Porti, Fotokopien, Telefon- oder Recherchenkosten sowie die Mehrwertsteuer berechnet werden. In der Regel verlangt ein Anwalt einen Kostenvorschuss, bevor er für Sie tätig wird.

Ist der Anwalt Mitglied eines Anwaltsverbands, so können Sie sich in den meisten Kantonen bei der Honorar- oder Gebührenkommission des kantonalen Anwaltsverbands erkundigen, ob die Honoraransätze angemessen sind.

Hinweis *Wenn Sie vor Gericht gehen müssen und mittellos sind, übernimmt unter Umständen der Staat die Kosten des Prozesses. Dieser darf aber nicht aussichtslos sein. Die unentgeltliche Vertretung durch einen Anwalt setzt zusätzlich voraus, dass die bedürftige Partei nicht in der Lage ist, ihre Sache selbst wirksam zu vertreten. Diese so genannte unentgeltliche Rechtspflege ist ein verfassungsmässiges Recht. Um sie zu erhalten, muss ein entsprechender Antrag ans Gericht gestellt und die Bedürftigkeit belegt werden. Ein Gesuch lohnt sich, wenn Ihr Einkommen nicht mehr als etwa 20 Prozent über dem betreibungsrechtlichen Existenzminimum liegt.*

So finden Sie einen Anwalt

Anwälte werden am häufigsten über Mund-zu-Mund-Propaganda vermittelt. In Ihrem Fall hat es aber wenig Sinn, wenn Sie den bewährten Scheidungsanwalt Ihrer Freundin beiziehen. Wählen Sie einen Arbeitsrechtsspezialisten, der Erfahrung mit Mobbingfällen hat. Scheuen Sie sich nicht, am Telefon nachzufragen, bevor Sie einen ersten Termin vereinbaren. Warten Sie das Erstgespräch ab, bevor Sie sich definitiv für einen Anwalt entscheiden. Und holen Sie in komplizierten Fällen eine Zweitmeinung ein.

Einen Anwalt oder eine Anwältin finden Sie über eine Mobbingberatungsstelle, einen kostenlosen Rechtsberatungsdienst oder eine Gewerkschaft. Das Beobachter-Beratungszentrum vermittelt Abonnenten Anwälte zu Spezialkonditionen.

Tipp *Weiterhelfen können auch folgende Adressen (beide mit Internetsuchmaschine): Demokratische Juristinnen und Juristen der Schweiz (DJS), Neuengasse 8, 3011 Bern, Tel. 031 312 83 34, www.djs-jds.ch. Kantonale Anwaltsverbände: Die Adressen können erfragt werden beim Schweizerischen Anwaltsverband, Marktgasse 4, 3001 Bern, Tel. 031 313 06 06, www.swisslawyers.com.*

Rat und Intervention: das Arbeitsinspektorat

Eine weitere Möglichkeit, Unterstützung zu holen, ist die Anzeige gemäss Art. 54 ArG beim kantonalen Arbeitsinspektorat (in der Regel dem kantonalen Volkswirtschaftsdepartement angegliedert) wegen Nichteinhaltung der arbeitsgesetzlichen Bestimmungen. Das Arbeitsgesetz, welches die Arbeits- und Ruhezeiten sowie den Gesundheitsschutz regelt, ist (im Gegensatz zum OR) öffentliches, zwingendes Recht. Die korrekte Anwendung dieses Gesetzes wird von Amtes wegen überwacht. Wenn nun der Arbeitgeber den Gesundheitsschutz vernachlässigt (dazu gehört auch der Schutz vor Mobbing), können Sie sich an die zuständige Behörde wenden, damit diese interveniert. Die Anzeige macht die Behörde auf einen Sachverhalt aufmerksam, den sie – sobald sie davon Kenntnis hat – von Amtes wegen aufgreifen muss. Daraus ergeben sich verschiedene Handlungsmöglichkeiten.

Information und Beratung

Das Arbeitsinspektorat kann Ihnen vor allem Informationen vermitteln, mit Ihnen mögliche Vorgehensweisen besprechen, Ihnen Beratungs- und Unterstützungsangebote nennen und so zur Problemlösung beitragen. Es ist aber nicht die Aufgabe der Arbeitsinspektorate, das Problem für Sie zu lösen.

Betriebsbesuch bei vertraulicher Behandlung Ihrer Beschwerde

Das Arbeitsinspektorat kann auch direkt in Ihrer Firma intervenieren. Dabei können Sie verlangen, dass Ihre Beschwerde zu Ihrem Schutz vertraulich behandelt wird. Allerdings sind in einem solchen Fall die Handlungsmöglichkeiten des Arbeitsinspektorats limitiert. Bei einem Betriebsbesuch ohne Bezugnahme auf die Beschwerde kann das konkrete Problem nicht angesprochen werden. Das Inspektorat kann nur abklären, ob der Betrieb alle notwendigen Massnahmen zum Schutz der persönlichen Integrität und der Gesundheit der Arbeitnehmenden getroffen hat, auch in Bezug auf psychosoziale Belastungen wie Mobbing. Ist dies nicht der Fall, kann das Inspektorat die nötigen Massnahmen verlangen.

Achtung *Nach Art. 44 des Arbeitsgesetzes haben die Arbeitsinspektionen die Quelle einer Beschwerde geheim zu halten und dürfen dem Arbeitgeber nicht andeuten, dass ein Betriebsbesuch durch eine Beschwerde veranlasst worden ist. Allerdings besteht selbst bei vorsichtigstem Vorgehen des Arbeitsinspektors das Risiko, dass der Betrieb Sie als Urheber des Besuchs identifiziert und Ihnen in der Folge gekündigt wird. Auch wenn eine solche Kündigung mit grosser Wahrscheinlichkeit missbräuchlich wäre, bedeutet dies doch den Verlust Ihrer Stelle (siehe Seite 137).*

Betriebsbesuch mit Bezugnahme auf Ihre Beschwerde

Das Arbeitsinspektorat bezieht sich bei einer Intervention nur dann auf Ihren Fall, wenn Sie dies ausdrücklich wünschen und Ihren Wunsch schriftlich bestätigen. Aber auch dann darf der Inspektor oder die Inspektorin nicht einfach Ihre Partei ergreifen. Nach dem Übereinkommen 81 der internationalen Arbeitsorganisation (ILO) betreffend der Arbeitsinspektion müssen sich die Arbeitsinspektorate neutral und unparteiisch verhalten. Ausserdem weist die ILO-Empfehlung 81 in Art. 8 ausdrücklich darauf hin, dass die Arbeitsinspektoren bei Differenzen, welche die Arbeit betreffen, nicht Funktionen von Vermittlerinnen oder Schiedsrichtern übernehmen sollen.

Das Arbeitsinspektorat klärt ab, ob nach der Erörterung des Problems mit dem Arbeitgeber und der Arbeitnehmervertretung sowie aufgrund der eigenen Einschätzung Handlungsbedarf besteht, und ob die Bereitschaft vorhanden ist, Lösungen für das Problem und für allenfalls fehlende Präventionsstrukturen zu erarbeiten. Es ist aber nicht Aufgabe des Arbeitsinspektorats, eine Diagnose zu stellen oder Mediationsaufgaben zu übernehmen.

Das Fachgutachten

Ob Mobbing vorliegt oder nicht, diese Entscheidung ist nicht Sache des Arbeitsinspektorats. Eine solche Beurteilung kann nur ein fachtechnisches Gutachten (gemäss Art. 4 der Verordnung 3 zum Arbeitsgesetz) erbringen. Dieses kann vom Arbeitsinspektor eingefordert werden, wenn nach seiner Einschätzung ein Risiko für die Gesundheit vorliegt und der Betrieb keine Lösungsbereitschaft zeigt. Ein Fachgutachten sollte je nach Problemstellung von einem Psychologen oder einer Psychologin erstellt werden, die auf Arbeits- und Organisationsgestaltung und/oder Konfliktbewältigung spezialisiert sind.

Hinweis *Dass Arbeitsinspektorate bei Mobbing angerufen werden können, ist noch wenig bekannt. Vor allem die Westschweizer Arbeitsinspektorate verfügen in diesen Fragen jedoch schon über eine ausgewiesene Erfahrung. Die Adressen der kantonalen Arbeitsinspektorate finden Sie im Anhang.*

Richterliche Beurteilung: das Arbeitsgericht

Wenn sich Konflikte mit dem Arbeitgeber nicht gütlich bereinigen lassen, können Sie Klage beim zuständigen Arbeitsgericht einreichen. Die Kantone sind gemäss Art. 343 OR verpflichtet, zur Regelung von Arbeitskonflikten ein besonderes, vereinfachtes und bis zu einem Streitwert von 30 000 Franken auch kostenloses Verfahren zu organisieren. (Achtung: Gratis ist nur das Gericht, nicht aber der allenfalls beigezogene Anwalt.) Steht mehr Geld auf dem Spiel, gilt das normale Zivilprozessrecht des jeweiligen Kantons, und die Gerichtskosten sind zu begleichen. Das Einreichen der Klage ist meist relativ einfach möglich. Oft halten Gerichte sogar Formulare bereit, die Sie lediglich ausfüllen müssen.

Zuständig ist der Richter oder die Richterin am Arbeitsort – am Ort, an dem die Arbeit üblicherweise verrichtet wird – oder am Wohnort der beklagten Partei (Art. 24 GestG). In vielen Kantonen gibt es Spezialgerichte zur Regelung von Arbeitsstreitigkeiten. Zum Teil muss vor der Anrufung des Gerichtes ein obligatorischer Schlichtungsversuch beim Friedensrichter unternommen werden. Die Adressen der erstinstanzlichen Gerichte für arbeitsrechtliche Streitigkeiten finden Sie im Anhang.

Der Richter klärt aktiv ab

Eine Besonderheit des Arbeitsgerichtsprozesses ist der so genannte Untersuchungsgrundsatz. Dies bedeutet, dass der zuständige Richter von sich aus den für den Streit massgebenden Sachverhalt abklären muss und die Beweise frei würdigen kann. Der Richter muss also aktiv werden und den Parteien Fragen stellen, um die für das Urteil entscheidenden Fakten herauszufinden. Er ist verpflichtet, alle massgeblichen Umstände zu berücksichtigen, die sich im Laufe des Verfahrens ergeben, auch wenn die Parteien diese nicht von selbst zur Sprache gebracht haben. Trotzdem sollten Sie natürlich von sich aus alles Wichtige vorbringen, damit der Richter feststellen kann, worum es geht oder wo die Prozessparteien unterschiedliche Ansichten haben.

Hinweis *Grundsätzlich brauchen Sie nicht unbedingt einen Anwalt, wenn Sie sich ans Arbeitsgericht wenden. Wenn Sie jedoch wegen Mobbing vor Gericht gehen, ist es in der Regel sinnvoll, einen Rechtsbeistand beizuziehen, da es hier um komplexere Rechtsfragen geht. Lassen Sie sich auf jeden Fall bei einer spezialisierten Auskunftsstelle beraten (Adressen siehe Anhang).*

Die gütliche Einigung

Vielfach sind die Arbeitsgerichte bestrebt, eine gütliche Einigung, einen so genannten «Vergleich», herbeizuführen. Sind beide Parteien damit einverstanden, braucht kein Urteil mehr gefällt zu werden, und weiterer Aufwand wird vermieden. Aber aufgepasst: Ist der Vergleich einmal angenommen, ist der Weiterzug an ein höheres Gericht ausgeschlossen. Wird an der Gerichtsverhandlung ein Vergleich vorgeschlagen, sollten Sie Bedenkzeit verlangen und sich fachkundigen Rat holen, ob der Vorschlag angemessen ist. Sie können auch verlangen, dass in den Vergleich eine Widerrufsfrist eingebaut wird, die es Ihnen ermöglicht, die Sache nochmals zu überschlafen.

Die Alternative zum Rechtsweg: Mediatorin oder Mediator

Mediation ist ein besonderes Verfahren zur Konfliktlösung, welches gerade in Mobbingfällen eine sinnvolle Alternative zu einer gerichtlichen Auseinandersetzung darstellen kann. Gerichte orientieren sich an Fakten und prüfen, ob Gesetze gebrochen wurden. Sie können aber weder das seelische Leiden, die vielen Verletzungen eines Mobbingopfers heilen, noch ihm seine Würde zurückgeben. Auch wie es in Zukunft weitergehen soll, kann ein Gericht nicht entscheiden, und den Verlust der Arbeitsstelle kann es ebenfalls nicht verhindern. Ein erfolgreiches Mediationsverfahren kann da zu befriedigenderen Lösungen führen.

Wie funktioniert Mediation?

Beim Mediationsverfahren geht es darum, dass alle am Mobbing Beteiligten mit Unterstützung des neutralen, externen Mediators eigenverantwortlich und gemeinsam eine Konfliktlösung erarbeiten. Der Mediator oder die Mediatorin sind dabei Vermittelnde ohne Entscheidungsmacht. Die Mediation fragt nicht nach Schuld, sondern nach den Interessen, Bedürfnissen und Beweggründen der beteiligten Personen. Der Mediator oder die Mediatorin fällen im Gegensatz zu Gerichten kein Urteil. Sie bringen die Konfliktparteien vielmehr an einen Tisch und versetzen sie in die Lage, wieder miteinander zu reden und gemeinsam eine Lösung auszuhandeln. Diese soll zukunftsgerichtet sein und den Bedürfnissen aller Parteien Rechnung tragen. Es geht also nicht um Sieg oder Niederlage. Das Ziel ist es, eine so genannten Win-Win-Situation herbeizuführen, mit der alle zufrieden sind.

Die Voraussetzungen fürs Gelingen

Der Haken an der Sache: Als Mobbingopfer können Sie eine Mediation nicht erzwingen. Denn es handelt sich um ein freiwilliges Verfahren, das nur funktionieren kann, wenn alle Konfliktbeteiligten bereit sind zu kooperieren. Allenfalls kann ein Mediationsverfahren vom Vorgesetzten angeordnet werden. Zumindest Ihre Vorgesetzten müssen also bereit sein, zu einer solchen Lösung Hand zu bieten. Es lohnt sich, eine Mediation vorzuschlagen, wenn

- die Situation zwar festgefahren ist, aber noch Gesprächsbereitschaft sowie der grundsätzliche Wille bestehen, die Probleme auf konstruktive Weise zu lösen.
- kein zu grosses Macht- und Hierarchiegefälle besteht zwischen Ihnen und der Person oder Gruppe, die für das Mobbing verantwortlich ist.
- Sie sich gesundheitlich und psychisch in der Lage fühlen, Ihre Interessen zu vertreten. Wenn Sie durch das Mobbing bereits zu sehr traumatisiert sind, sollten Sie sich statt an einen Mediator an einen Arzt oder Psychotherapeuten wenden bzw. sich von einem Anwalt vertreten lassen.
- Sie bereit sind, sich mit dem Denken und Fühlen der Mobber auseinander zu setzen und Ihren eigenen Anteil am Geschehen kritisch zu durchleuchten.
- Mediation eignet sich vor allem auch dann, wenn es Ihr Wunsch ist, am gegenwärtigen Arbeitsplatz oder zumindest im Unternehmen verbleiben zu können.

Unterbreiten Sie der Gegenseite das Mediationsangebot am besten schriftlich, in kurzen, klaren, freundlichen Worten. Falls Sie sich bereits an eine Beratungsstelle oder einen Anwalt gewendet haben, können Sie das Mediationsangebot auch durch die Fachperson Ihres Vertrauens übermitteln lassen.

So finden Sie einen Mediator oder eine Mediatorin

Die Ausbildung zum Mediator ist eine Weiterbildung. Mediationsfachleute sind also zum Beispiel angestammte Juristinnen, Psychologen oder Sozialarbeiterinnen. Dies sollten Sie – nebst Sympathie, Kompetenz und Erfahrung – mit in Betracht ziehen, wenn Sie sich für eine Fachperson entscheiden. Achten Sie ausserdem darauf, dass die Mediationsperson den Titel «Mediator SDM-FSM» führt; das heisst, dass ihre Ausbildung vom Schweizerischen Dachverband Mediation anerkannt ist.

Mediatorinnen und Mediatoren kosten pro Stunde etwa 150 bis 300 Franken, wobei Fachpersonen mit juristischer Grundausbildung in der

Regel höhere Ansätze haben als Mediatoren aus dem psychosozialen Bereich.

Tipp *Anerkannte Mediationsfachleute finden Sie über den Schweizerischen Dachverband Mediation: www.infomediation.ch. Weitere Infos finden Sie im Beobachter-Ratgeber «Mediation. Konflikte lösen im Dialog», www.beobachter.ch/buchshop.*

Hilfe für die Seele: Psychologinnen, Psychotherapeuten

Mit der Beantwortung rechtlicher Fragen oder dem Erstreiten einer Entschädigung ist es in Mobbingfällen oft nicht getan. Um die erlittenen Demütigungen zu verarbeiten und das zerstörte Selbstbewusstsein wieder aufzubauen, sollte man sich nicht scheuen, psychologische Hilfe zu holen.

Was tun bei akuten Krisen?

Wenn Sie sich in einer akuten Krisensituation befinden, können Sie an folgenden Stellen Hilfe bekommen:

- Dargebotene Hand: Die Telefonnummer 143 bietet rund um die Uhr telefonische Hilfe bei psychischen Problemen, auch für Personen, die unter den Folgen von Mobbing leiden.
- Notfallpsychiater: In den grösseren Städten hat die Ärzteschaft eine eigene Notfallnummer aufgebaut, unter der man Ihnen rund um die Uhr einen Notfallpsychiater vermitteln kann. Die Nummer des ärztlichen Notfalldienstes in Ihrer Region finden Sie im Telefonbuch oder über die Nummer 111.
- Beratungstelefon der Stiftung Pro Mente Sana bei seelischen Schwierigkeiten und Krisen. Tel. 0848 800 858 (Montag, Dienstag, Donnerstag 9 bis 12 Uhr, Donnerstag 14 bis 17 Uhr; Normaltarif)

Die psychologische Beratung

Psychologische Beratung und Psychotherapie sind nicht dasselbe. Bei der Beratung geht es in der Regel um die Bearbeitung eines konkreten Problems, etwa die Bewältigung eines Teamkonflikts oder auch die Frage, wie man sich in einer bestimmten Situation verhalten soll. Der Klient oder die Klientin erhalten fachkundige Hilfe bei Neuorientierungen, bei Entscheidungsfindungen oder beim Handeln in einem bestimmten Lebensbereich. Der Psychologe begleitet Sie beim Prozess der Selbsterkenntnis und hilft Ihnen beim Trainieren von neuen Verhaltensweisen.

Im Gegensatz zur Therapie bleibt die Beratung auf der Ebene von bewussten Prozessen und ist gegenwarts- und zukunftsorientiert. In der Regel genügen dafür weniger als zehn Sitzungen. Psychologische Beratung eignet sich daher für Personen, die ein klar umrissenes Problem aufarbeiten und dabei nicht zu viel Zeit und Geld investieren möchten.

Psychotherapie ist «Seelenheilkunde»

Psychotherapie geht weiter als blosse Beratung. Hier geht es um die Arbeit mit leidenden Personen und die Heilung tief sitzender seelischer Probleme. Wenn eine Person zum Beispiel an einem starken Minderwertigkeitsgefühl leidet, welches sie schon in der Schule belastete und sich nun auch im Berufsleben negativ auswirkt, braucht es einen längeren Prozess, eine eigentliche Therapie, die mehrere Monate oder Jahre dauern kann. Psychotherapeuten brauchen nebst ihrer psychologischen oder medizinischen Grundausbildung eine mehrjährige psychotherapeutische Spezialausbildung an einem anerkannten Institut.

Psychotherapie ist ein Sammelbegriff. Es existiert eine Vielzahl von psychotherapeutischen Methoden und Richtungen, wie zum Beispiel Psychoanalyse, Gestalttherapie, Verhaltenstherapie etc. Bevor Sie sich also für einen Therapeuten oder eine Therapeutin entscheiden, sollten Sie sich genau informieren, nach welchen Methoden diese Fachperson arbeitet, und abklären, ob dies Ihren Bedürfnissen und Erwartungen entspricht.

Normalerweise findet ein Vorgespräch statt, in dessen Verlauf Sie folgende Punkte in Erfahrung bringen sollten: Ausbildung und Erfahrung des Therapeuten, Arbeitsweise, Kontrolle der Tätigkeit durch Supervision, voraussichtliche Dauer der Therapie und mit ihr verbundene Kosten, Risiken und Belastungen.

Tipp *Umfassende Informationen zu diesem Thema finden Sie im Beobachter-Ratgeber «Gesund werden mit Psychotherapie. So finden Sie Hilfe», www.beobachter.ch/buchshop.*

Anerkannte psychologische Fachleute vermitteln: Schweizer Psychotherapeutinnen und Psychotherapeuten Verband SPV, Riedtlistrasse 8, 8006 Zürich, Tel. 043 268 93 75, www.psychotherapie.ch; Föderation der Schweizer Psychologinnen und Psychologen FSP, Choisystrasse 11, 3000 Bern 14, Tel. 031 388 88 00, www.psychologie.ch.

Die Sanitäts- oder Gesundheitsdepartemente der Kantone führen Listen von Therapeutinnen und Therapeuten mit Praxisbewilligung.

Was kostet psychologische Hilfe?

Die Kosten einer psychologischen Beratung oder Psychotherapie sind grundsätzlich Sache von Verhandlungen zwischen Therapeut und Patient. Die Föderation der Schweizer Psychologinnen und Psychologen (FSP) schlägt ihren Mitgliedern einen unverbindlichen Richttarif von rund 170 Franken pro Stunde vor.

Die Grundversicherung der Krankenkasse übernimmt psychotherapeutische Leistungen, wenn die Therapie von einem Arzt oder einer Ärztin oder unter deren Aufsicht von einem in der ärztlichen Praxis angestellten Psychotherapeuten durchgeführt wird. Bezahlt werden folgende Leistungen:

- in den ersten drei Jahren zwei einstündige Sitzungen pro Woche,
- in den folgenden drei Jahren eine einstündige Sitzung pro Woche,
- danach eine einstündige Sitzung alle zwei Wochen.

Übernommen werden nur die Kosten von Methoden, die mit Erfolg an anerkannten psychiatrischen Institutionen eingesetzt werden, und von Therapien, die auf die Behandlung einer Krankheit ausgerichtet sind. Vergewissern Sie sich deshalb im Voraus bei Ihrer Therapeutin oder bei der Krankenkasse, dass das geplante Vorgehen akzeptiert ist und wirklich keine ungedeckten Kosten entstehen.

Hinweis *Psychotherapien, die nicht durch einen Arzt und nicht in dessen Räumlichkeiten erfolgen, zählen nicht zu den Pflichtleistungen der Grundversicherung. Solche Therapien können durch eine ambulante*

Zusatzversicherung abgedeckt werden. Allerdings muss auch dazu eine medizinische Notwendigkeit bestehen, das heisst, es braucht dafür in der Regel eine ärztliche Verordnung. Therapien zur Selbsterfahrung oder Persönlichkeitsentwicklung werden auch von der Zusatzversicherung nicht übernommen.

Gemeinsam sind wir stark: Selbsthilfegruppen

Selbsthilfegruppen sind freiwillige, eher lose Zusammenschlüsse von Menschen in ähnlichen schwierigen Lebenssituationen, die entschlossen sind, ihre Probleme gemeinsam anzugehen. «Wenn ich in der Selbsthilfegruppe über meinen Arbeitsalltag rede, weiss ich, dass ich verstanden werde, da die anderen Teilnehmer Ähnliches erlebt haben und genau wissen, wovon ich rede», schildert ein Mobbingopfer seine Erfahrungen mit der Selbsthilfegruppe.

Erfahrungsaustausch und Lebenshilfe

Selbsthilfe ist gelebte Eigenverantwortung und Solidarität. Die Mitglieder organisieren sich selbst, kommen nach ihren Bedürfnissen zusammen, bieten einander Erfahrungsaustausch und praktische Lebenshilfe. Sie unterstützen einander dabei, zu neuem Selbstvertrauen und Lebensmut zu finden. Die Gruppenmitglieder nehmen gleichzeitig sowohl als Helferinnen und Helfer wie auch als Hilfesuchende an den Treffen teil. Eine professionelle Leitung gibt es nicht. Die Teilnahme ist kostenlos. Es ist üblich, dass sich die Mitglieder zur Diskretion gegen aussen verpflichten. Die Gruppen sind so individuell wie ihre Mitglieder. Über 20 000 Menschen treffen sich in der Schweiz regelmässig in einer der 2000 Selbsthilfegruppen. Rund 300 Themen werden abgedeckt.

Für Mobbingopfer kann eine Selbsthilfegruppe der geeignete Ort sein, die Leidensgeschichte am Arbeitsplatz zu verarbeiten, von den Erfahrungen Gleichbetroffener zu profitieren und gemeinsam nach Lösungen zu suchen. Eine fundierte juristische Beratung oder eine Psychotherapie kann die Gruppe zwar nicht ersetzen. Sie ist jedoch eine sinnvolle Ergänzung zu einer parallel laufenden professionellen Beratung.

Tipp

Wenn Sie an einer Selbsthilfegruppe teilnehmen oder eine Gruppe ins Leben rufen wollen, können Sie sich an die Stiftung KOSCH wenden – die Dachorganisation der regionalen Kontaktstellen für Selbsthilfegruppen in der Schweiz: Stiftung KOSCH, Koordination und Förderung von Selbsthilfegruppen in der Schweiz, Laufenstrasse 12, 4053 Basel, Tel. 061 333 86 01, www.kosch.ch. Selbsthilfeforen im Internet finden Sie auf: www.beobachter.ch/selbsthilfe.

6. Wenn Mobbing krank macht

Mobbingopfer leiden häufig unter gesundheitlichen Beschwerden, die bis zur Arbeitsunfähigkeit führen können. Worauf sollten Sie beim Arztbesuch achten? Welche Rechte und Pflichten haben Sie, wenn der Arzt Sie krankschreibt? Gerade im Krankheitsfall ist es wichtig, gut informiert zu sein.

Was tun bei gesundheitlichen Problemen?

Anhaltende psychische Belastungen schaden der Gesundheit. Von Mobbing Betroffene können unter den verschiedensten körperlichen und psychischen Erkrankungen leiden. Die Studie des Staatssekretariats für Wirtschaft (seco) hat gezeigt, dass Beschwerden wie Kopfschmerzen, Verdauungsprobleme, Depressionen etc. bereits bei Personen mit einer schwachen Mobbingbelastung markant ansteigen (siehe Seite 19). Mit zunehmender psychosozialer Spannung nimmt auch die Anzahl der Beschwerden zu. Stark belastete Personen sind häufig von mehreren Leiden betroffen.

Beispiel *«Ich konnte kaum mehr schlafen. Nachts lag ich stundenlang wach, hatte Schweissausbrüche und konnte nicht aufhören zu grübeln: über das feindselige Verhalten der Kollegen, über mein Verhalten, über das, was ich hätte sagen oder tun oder nicht hätte tun sollen. Ich malte mir alle möglichen Szenarien aus und kam doch zu keinem Ergebnis.» So schildert Jan F. die Folgen monatelangen Mobbings. Dazu kamen immer häufiger hämmernde Kopfschmerzen. Anderthalb Jahre biss der 42-Jährige auf die Zähne, behalf sich mit allerlei selbst gekauften Medikamenten. «Als ich mich endlich meinem Hausarzt anvertraute, musste ich zur Kenntnis nehmen, dass ich kurz davor stand, ernsthaft krank zu werden. Ich brauchte rund drei Monate, um wieder zu mir selbst zu finden.»*

Ärztliche Hilfe holen

Wenn Sie als Mobbingopfer unter gesundheitlichen Problemen leiden, sollten Sie ärztliche Hilfe in Anspruch nehmen. Dabei ist wichtig, dass Sie mit dem Arzt Klartext reden. Schildern Sie ihm, welchem Stress Sie am Arbeitsplatz ausgesetzt sind. Nehmen Sie Ihr Mobbingtagebuch mit, als Gedankenstütze und um Ihre mündlichen Schilderungen zu untermauern. Sprechen Sie offen über Ihre Ängste und Ohnmachtsgefühle. Es gibt keinen Grund, sich für die erlebten Schikanen zu schämen. Nur wenn der Arzt Bescheid weiss, kann er den wahren Ursprung Ihrer Gesundheitsstörungen erkennen und Sie entsprechend behandeln. Symptombekämpfung bringt Sie nicht weiter. Wenn Sie den Eindruck haben, mit Ihren Problemen nicht ernst genommen zu werden, wechseln Sie den Arzt.

Hinweis *Körperliche Symptome lassen sich mit den geeigneten Medikamenten meist rasch beheben. Ihre Probleme sind damit aber nicht gelöst. Nebst ärztlicher Hilfe wird daher eine ergänzende Beratung (siehe Seite 100) nötig sein. Falls Sie dies wünschen, kann Ihnen Ihr Arzt auch eine Psychotherapie verschreiben. Wenn Sie sich bereits an eine Beratungsstelle gewendet haben, teilen Sie dies dem Arzt mit. Es ist wichtig, dass Ihr Arzt und Ihre Beraterin kooperieren können.*

«Ich halte es nicht mehr aus»

Wenn Sie unter schweren gesundheitlichen Störungen leiden oder die Situation am Arbeitsplatz einfach nicht mehr aushalten, wird der Arzt Sie eine Zeit lang arbeitsunfähig schreiben. Einige Tage Ruhe und Abstand können Ihnen helfen, sich zu erholen, neue Kräfte zu sammeln und eine Standortbestimmung vorzunehmen. Allerdings nützt Ihnen dies wenig, wenn Sie anschliessend an den gleichen Arbeitsplatz zurückkehren müssen und die Angriffe und Demütigungen von neuem beginnen. Nicht sehr hilfreich ist es auch, wenn Sie während der Arbeitsunfähigkeit isoliert und passiv zu Hause sitzen, Ihre Gedanken unentwegt um die Mobbingsituation kreisen und Sie voller Panik dem Tag entgegensehen, an dem Sie an Ihren Arbeitsplatz zurückkehren müssen. Sich einfach planlos krankschreiben zu lassen, ist daher längerfristig keine Lösung.

Besprechen Sie mit Ihrem Arzt, wie viel Zeit Sie für Ihre Erholung brauchen und wie Sie die nötige Hilfe bekommen, um Ihre Situation überdenken und mögliche Lösungen ins Auge fassen zu können. Sobald es Ihnen etwas besser geht, sollten Sie beginnen, Ihr weiteres Vorgehen zu planen. Dies kann das längst fällige Gespräch mit den Vorgesetzten sein, eine mögliche Versetzung innerhalb der Firma, ein Stellenwechsel oder gar eine völlige berufliche Neuorientierung.

Lassen Sie sich Ihre Arbeitsunfähigkeit vom Arzt mit einem Zeugnis bescheinigen. In den meisten Firmen regelt ein Personalreglement, wann und unter welchen Umständen ein Arztzeugnis erforderlich ist. Üblicherweise wird ein Zeugnis ab dem dritten Tag der Arbeitsunfähigkeit verlangt. Äussern muss sich das Zeugnis zur Dauer und zum Ausmass der voraussichtlichen Abwesenheit und im Sinne einer Präzisierung eventuell auch zu einer allfälligen Teilarbeitsunfähigkeit. Eine genaue Diagnose geht den Arbeitgeber nichts an.

Unsichtbares Leiden

Seelische Leiden sieht man Ihnen nicht an. Wenn Sie infolge von Mobbing krank werden, können Sie weder eine triefende Nase noch ein gebrochenes Bein vorweisen. Vorgesetzte und Kollegen reagieren in solchen Fällen häufig mit Misstrauen. «Die ist doch gar nicht krank», heisst es dann etwa. Zu all den übrigen Problemen sieht man sich dem quälenden Verdacht ausgesetzt, ein Simulant zu sein.

Bitten Sie Ihren Arzt, Ihnen ein etwas ausführlicheres Zeugnis auszustellen, wenn der Arbeitgeber an Ihrer Arbeitsunfähigkeit zweifelt. Darin kann er ausführen, wie sehr seiner Meinung nach die Situation am Arbeitsplatz Ihre Gesundheit beeinträchtigt. Möglicherweise trägt dies dazu bei, dass Ihre Probleme endlich ernst genommen werden. Immerhin ist der Arzt ein wichtiger Zeuge, falls Sie in Betracht ziehen, Ihren Arbeitgeber wegen Verletzung der Fürsorgepflicht zu belangen (siehe Seite 73).

Achtung *Kranksein bedeutet nicht zwingend Bettruhe. Was der Genesung dient oder ihr nicht schadet, ist erlaubt. Darüber zu entscheiden, ist Sache des Arztes. Gerade für Mobbingopfer können Luftveränderung oder körperliche Betätigung heilsam sein. Lassen Sie sich dies gegebenenfalls vom Arzt schriftlich bestätigen, damit Sie keine Schwierigkeiten bekommen, wenn Sie ausser Haus gesehen werden.*

Muss ich zum Vertrauensarzt?

Unter Umständen wird Ihr Arbeitgeber von Ihnen verlangen, dass Sie sich von einem Arzt seines Vertrauens untersuchen lassen. Dagegen werden Sie sich nicht wehren können. Sie sollten dies auch nicht tun, da Sie ja nichts zu verbergen haben. Sprechen Sie mit dem Vertrauensarzt offen über Ihre Probleme. Auch er ist ans Arztgeheimnis gebunden und nicht berechtigt, dem Arbeitgeber eine Diagnose oder andere Feststellungen weiterzugeben, die er während der Untersuchungen gemacht hat. Seine Aufgabe ist es lediglich, Ihre Arbeitsunfähigkeit zu bestätigen oder eben nicht. Die Kosten dieser Konsultation muss der Arbeitgeber tragen.

Laut Bundesgericht stellt es keine Persönlichkeitsverletzung dar, wenn ein Arbeitgeber von einer Angestellten verlangt, sich von einem Vertrauenspsychiater untersuchen zu lassen (BGE 125 III 70, siehe auch Seite 169).

Zeitlich begrenzter Kündigungsschutz

Bei ganzer oder teilweiser Arbeitsunfähigkeit infolge Krankheit oder Unfall gibt es einen zeitlich begrenzten Kündigungsschutz. Während dieser so genannten «Sperrfristen» darf der Arbeitgeber nicht kündigen. Die Dauer ist abhängig von den Dienstjahren und beträgt maximal 180 Tage. Die weit verbreitete Meinung, dass während der Arbeitsunfähigkeit überhaupt nicht gekündigt werden kann, trifft also nicht zu. Einzelheiten zum Kündigungsschutz finden Sie auf Seite 134.

Ihr Lohnanspruch bei Arbeitsunfähigkeit

Wenn Sie ohne Ihr Verschulden aus Gründen, die in Ihrer Person liegen – zum Beispiel Krankheit –, an der Arbeitsleistung verhindert sind, haben Sie während einer gewissen Zeit den Lohn weiterhin zugute. Wie lange Sie eine Lohnfortzahlung erwarten können, sollte aus Ihrem Arbeitsvertrag hervorgehen.

Falls Ihr Vertrag keine Regelung enthält oder einfach aufs Obligationenrecht verweist, gelten im privatrechtlichen Arbeitsverhältnis die Bestimmungen von Art. 324a OR. Demnach hat Ihnen der Arbeitgeber für eine beschränkte Zeit den üblichen Lohn zu entrichten. Voraussetzung ist, dass das Arbeitsverhältnis mehr als drei Monate gedauert hat oder für mehr als drei Monate fest eingegangen ist.

Leider liefert das Gesetz keine klaren Angaben darüber, wie lange die Lohnfortzahlung im konkreten Fall tatsächlich dauert. Es legt ledig-

So lange können Sie den Lohn bei Krankheit verlangen	
Basler Skala	
Dienstdauer	*Lohnzahlung*
1. Jahr	3 Wochen
2. und 3. Jahr	2 Monate
4. bis 10. Jahr	3 Monate
11. bis 15. Jahr	4 Monate
16. bis 20. Jahr	5 Monate
über 20 Jahre	6 Monate
Berner Skala	
Dienstdauer	*Lohnzahlung*
1. Jahr	3 Wochen
2. Jahr	1 Monat
3. und 4. Jahr	2 Monate
5. bis 9. Jahr	3 Monate
10. bis 14. Jahr	4 Monate
15. bis 19. Jahr	5 Monate
20. bis 24. Jahr	6 Monate
25. bis 29. Jahr	7 Monate
Zürcher Skala	
Dienstdauer	*Lohnzahlung*
1. Jahr	3 Wochen
2. Jahr	8 Wochen
3. Jahr	9 Wochen
4. Jahr	10 Wochen
(usw., pro Jahr eine Woche mehr)	

lich fest, der Arbeitgeber habe «im ersten Dienstjahr den Lohn für drei Wochen und nachher für eine angemessene längere Zeit zu entrichten, je nach der Dauer des Arbeitsverhältnisses und den besonderen Umständen.»

Um diese gesetzgeberische Lücke zu schliessen, haben verschiedene Gerichte Skalen entwickelt, die als Richtlinie dienen können (siehe Tabelle auf der gegenüberliegenden Seite).

Achtung *Der Anspruch auf Lohnfortzahlung bezieht sich im Übrigen immer auf ein Dienstjahr – nicht auf ein Kalenderjahr! Der Arbeitgeber muss die «beschränkte Zeit» pro Dienstjahr nur einmal erfüllen, wobei alle Absenzen im gleichen Dienstjahr zusammengezählt werden. Als Dienstjahre anzurechnen ist die gesamte Anstellungsdauer im gleichen Unternehmen, ungeachtet allfälliger Funktionswechsel oder Beförderungen. Auch allfällige Lehrjahre im gleichen Betrieb gehören dazu. Und schliesslich müssen auch nach einem Besitzerwechsel die bisherigen Dienstjahre angerechnet werden.*

Sobald Sie den Ihnen zustehenden Krankenlohnanspruch für das laufende Anstellungsjahr aufgebraucht haben, kann der Arbeitgeber seine Zahlungen einstellen. Wenn Sie weiterhin krank sind, erleiden Sie somit einen ungedeckten Lohnausfall. Immerhin entsteht der Anspruch jedes Jahr wieder neu. Reicht eine länger dauernde Krankheit von einem Dienstjahr ins nächste, kann gesamthaft der Lohn für die maximalen Perioden beider Jahre beansprucht werden.

Wie hoch ist der Krankenlohn?

Während einer krankheitsbedingten Arbeitsunfähigkeit ist grundsätzlich der volle Lohn geschuldet, inklusive sämtliche üblicherweise ausbezahlte Zulagen (zum Beispiel für Nacht-, Sonntags- oder Schichtarbeit). Dabei spielt es keine Rolle, ob Sie im Stunden- oder Monatslohn bezahlt sind und ob Sie eventuell nur Teilzeit arbeiten. Der Lohn muss gleich hoch sein, wie wenn Sie arbeiten würden. Die Erkrankung darf auch nicht dazu führen, dass plötzlich Minusstunden entstehen, die Sie später nacharbeiten müssen. Besteht der Lohn teilweise aus Naturalleistungen wie Kost und Logis (Gastgewerbe, Hausangestellte), kann während der Krankheit der Gegenwert dafür verlangt werden. Falls Sie nicht jeden Monat den gleichen Lohn erhalten (Provisionen, Akkordlohn, unregelmässige Teilzeitarbeit), ist während der Krankheit auf einen Durchschnittslohn abzustellen.

Wenn eine Krankentaggeldversicherung zahlt

Fortschrittliche Betriebe schliessen kollektive Krankentaggeldversicherungen ab, um die Lohnfortzahlungspflicht bei Krankheit abzudecken. Das ist speziell in Branchen der Fall, wo Gesamtarbeitsverträge (GAV) bestehen. Häufig ist der Abschluss einer Krankentaggeldversicherung gemäss GAV sogar obligatorisch. Da die Versicherung sehr viel länger zahlt, als der Arbeitgeber nach Gesetz verpflichtet wäre (in der Regel während 720 innerhalb von 900 Tagen), ist es erlaubt, nur 80 anstatt 100 Prozent des Lohnes zu versichern. Ausserdem darf der Arbeitnehmer bis maximal hälftig an den Prämien beteiligt werden. Wenn Ihnen der Arbeitgeber während Ihrer Arbeitsunfähigkeit also nur 80 Prozent des Lohnes bezahlt, liegt dies vermutlich daran, dass eine Krankentaggeldversicherung für den Lohnausfall aufkommt. Überprüfen Sie den entsprechenden Passus in Ihrem Arbeitsvertrag sowie die Lohnabzüge in Ihren Lohnabrechnungen.

Hinweis *Verlangen Sie vom Arbeitgeber nicht nur die Adresse der Versicherungsgesellschaft und die Policennummer, sondern auch die Allgemeinen Versicherungsbedingungen (AVB) und allfällige «besondere Versicherungsbedingungen» bzw. «Zusatzbedingungen» der Krankentaggeldversicherung. Sie haben Anspruch darauf. Informieren Sie sich bereits in gesunden Tagen, welche Leistungen Sie gegebenenfalls erwarten können.*

Kann Ihr Arbeitgeber die Lohnzahlung verweigern?

Die Lohnfortzahlung bei Krankheit während einer beschränkten Zeit ist gesetzlich vorgeschrieben (siehe Seite 121). Es handelt sich um einen zwingenden Anspruch, der auch vertraglich nicht zu Ungunsten des Arbeitnehmers oder der Arbeitnehmerin abgeändert werden darf.

Der Arbeitgeber darf Ihnen die Lohnfortzahlung somit nicht verweigern. Allenfalls kann er die Zahlungen vorerst einstellen, wenn er triftige Gründe hat, an Ihrer Arbeitsunfähigkeit zu zweifeln – wenn er zum Beispiel den berechtigten Verdacht hat, dass es sich bei Ihren Arztzeugnissen um Gefälligkeitszeugnisse handelt, und Sie den Besuch bei einem Vertrauensarzt verweigern. Allerdings müsste er Sie in einem solchen Fall vorgängig schriftlich verwarnen. Ist eine gütliche Einigung nicht möglich, muss das Arbeitsgericht über den Lohnanspruch befinden.

Verweigert der Arbeitgeber den Krankenlohn ohne triftigen Grund, etwa weil er die gesundheitlichen Probleme eines Mobbingbetroffenen einfach nicht wahrhaben will, lohnt es sich, sich mit allen Mitteln zu wehren. Dies zeigt der Fall von Felicitas N.

Beispiel *Die heute 29-jährige Sachbearbeiterin arbeitete im ersten Jahr ihrer Anstellung zur vollen Zufriedenheit ihres Arbeitgebers. Doch dann ging die langjährige Beziehung zu ihrem Freund in die Brüche, und ihre Schwester erkrankte schwer. Felicitas N.'s Leistungen in diesem Jahr waren schwankend. Bei ihrem Chef stiess sie auf keinerlei Verständnis für ihre Situation: Was sie erlebt habe, seien Peanuts. «Von da an ging es los: kleine Sticheleien, falsche Anschuldigungen. Ich wurde mit immer mehr Arbeit überhäuft.» Felicitas N. musste Abrechnungen erstellen, doch die Angaben, die man ihr dafür lieferte, waren fehlerhaft und unvollständig. Dies ging monatelang so. Als Felicitas N. schliesslich die Kündigung bekam, brach sie zusammen. Der Hausarzt schrieb sie krank und stellte fest, dass diese Stelle aus ärztlicher Sicht absolut nicht mehr zumutbar sei. Nun kamen zu den gesundheitlichen die finanziellen Probleme. Die Krankentaggeldversicherung des Arbeitgebers verweigerte trotz lückenloser Arztzeugnisse die Zahlung. Man müsse weitere Abklärungen treffen. Darauf forderte der Arbeitgeber von Frau N. bereits bezahlten Krankenlohn zurück. Obwohl sich sowohl der Arzt wie auch die Gewerkschaft für Felicitas N. einsetzten, kam es zu keiner Einigung. Erst als Felicitas N. einen Anwalt einschaltete, lenkte der Arbeitgeber ein. Er musste seiner austretenden Mitarbeiterin schlussendlich über 14 000 Franken nachzahlen.*

Was gilt, wenn Sie dauerhaft erkrankt sind?

Eine Krankentaggeldversicherung deckt den Lohnausfall also während rund zwei Jahren. Nur: Vor einer Kündigung sind Sie maximal in den ersten sechs Monaten der Krankheit geschützt (siehe Seite 135). Was geschieht mit dem Krankenlohnanspruch, falls der Arbeitgeber während einer länger dauernden Erkrankung ganz einfach kündigt?

Falls Sie keine Krankentaggeldversicherung haben und Ihren Lohn gemäss einer der in diesem Fall zur Anwendung kommenden Skalen (siehe Tabelle Seite 122) erhalten, endet die Lohnfortzahlung mit der Beendigung des Arbeitsverhältnisses, sofern sie nicht bereits vorher ausgeschöpft wurde. Demgegenüber fällt der Taggeldanspruch gegenüber einem Versicherer mit der Kündigung nicht einfach dahin. Es gibt Krankentaggeldversicherungen, die auch nach Beendigung eines Arbeitsverhältnisses weiterzahlen. Ob dies der Fall ist, können Sie den allgemeinen Versicherungsbedingungen entnehmen. Weit häufiger enden die Leistungen allerdings mit dem letzten Anstellungstag.

Der Übertritt in die Einzelversicherung

Nachher haben Sie die Möglichkeit, innert dreissig Tagen von der Kollektiv- in die Einzelversicherung überzutreten und weiterhin Taggelder zu beziehen. Allerdings müssen Sie dann die recht hohen Versicherungsprämien selber berappen. Auf das Recht des Übertritts in die Einzelversicherung muss man Sie schriftlich hinweisen. Unterbleibt diese Information, können Sie unter Umständen auch nach abgelaufener Übertrittsfrist das Recht auf Weiterführung der Taggelddeckung als einzelversicherte Person noch erfolgreich geltend machen. Lassen Sie sich beraten.

Hinweis *Falls sich herausstellen sollte, dass Sie einen dauernden Gesundheitsschaden erlitten haben, können Sie Leistungen der staatlichen Invalidenversicherung (IV) in Anspruch nehmen. Der Anspruch auf eine IV-Rente entsteht, wenn Sie während eines Jahres ohne wesentlichen Unterbruch durchschnittlich zu mindestens 40 Prozent arbeitsunfähig gewesen sind. Die IV kann aber auch bei einer Umschulung helfen. Holen Sie frühzeitig fachlichen Rat.*

7. Kündigung?

In vielen Mobbingfällen kommt es schliesslich zur Beendigung des Arbeitsverhältnisses. Wann soll man selbst kündigen? Welche Rechte haben Sie, wenn der Arbeitgeber kündigt? Die Antworten liefert das folgende Kapitel.

Die allgemeinen Kündigungsregeln

Im schweizerischen Arbeitsvertragsrecht herrscht der Grundsatz der Kündigungsfreiheit. Das bedeutet: Arbeitnehmer und Arbeitgeber haben jederzeit das Recht, ein Arbeitsverhältnis aufzulösen. Die bange Frage vieler Mobbingopfer, ob der Arbeitgeber ihnen einfach so kündigen könne, muss daher bejaht werden. Kündigungen können aus heiterem Himmel ausgesprochen werden. Es braucht weder eine Vorankündigung noch eine Verwarnung.

Laut Bundesgericht ist es zwar «kaum als anständig» zu bezeichnen, wenn ohne vorgängiges Gespräch gekündigt wird. Es sei aber zwischen einem unanständigen und einem rechtswidrigen Verhalten zu unterscheiden, so das Gericht. Das Arbeitsvertragsrecht sieht nun einmal keine Anhörungspflicht vor der Kündigung vor. Auch einen triftigen Grund braucht es nicht (BGE 4C.174/2004, vom 5.8.2004). Immerhin kann eine Kündigung missbräuchlich sein, wenn sie auf besonders verletzende oder demütigende Art ausgesprochen wurde (siehe Seiten 138 und 179).

Kein wirksamer Schutz vor Entlassung

Arbeitnehmende in der Privatwirtschaft müssen daher wissen: Sichere Arbeitsplätze gibt es kaum noch, ein wirksamer Kündigungsschutz existiert in der Schweiz nicht. In den allermeisten Fällen ist gegen eine Kündigung nichts zu machen. Immerhin gibt es ein paar bescheidene Ausnahmen von der allgemeinen Kündigungsfreiheit: Bei Arbeitsunfähigkeit, Schwangerschaft oder Militärdienst gibt es einen zeitlich begrenzten Kündigungsschutz. Ausserdem kann man sich gegen missbräuchliche oder diskriminierende Kündigungen zur Wehr setzen. Die Einzelheiten finden Sie in den entsprechenden Abschnitten dieses Kapitels.

Besser geschützt sind Staatsangestellte. Hier gelten die Bestimmungen des Bundes, der Kantone oder Gemeinden, die häufig strengere Kündigungsregelungen enthalten. Das am 1. Januar 2002 in Kraft getretene Bundespersonalgesetz (BPG) beispielsweise kennt kein freies Kündigungsrecht. Die Bundesverwaltung als Arbeitgeberin darf eine

Kündigung erst dann aussprechen, wenn ein in Art. 12 Abs. 6 BPG genannter Kündigungsgrund vorliegt. Gegen unkorrekte Kündigungen besteht ein Beschwerderecht. Angestellte im öffentlichen Dienst können ihre Stelle somit nicht so leicht verlieren und habe daher auch bessere Möglichkeiten, sich gegen Mobbinghandlungen zur Wehr zu setzen.

Hinweis *Die öffentlich-rechtlichen Anstellungsbedingungen sind von Kanton zu Kanton unterschiedlich. Daneben gibt es das bereits erwähnte Personalgesetz des Bundes sowie kommunale Anstellungsbedingungen. Die in diesem Kapitel geschilderten Kündigungsregeln beziehen sich auf privatrechtliche, gemäss Obligationenrecht geregelte Anstellungsverhältnisse.*

Die korrekte ordentliche Kündigung

Unabhängig davon, ob die Kündigung vom Arbeitgeber oder Arbeitnehmer ausgeht, sind bestimmte Regeln zu beachten, wenn ein Arbeitsverhältnis aufgelöst werden soll. Hier ein Überblick:

- Eine bestimmte **Form** ist für Kündigungen nicht vorgeschrieben. Es kann also auch mündlich gekündigt werden, was allerdings aus Beweisgründen nicht empfehlenswert ist. Üblich, aber eben nicht obligatorisch, ist ein eingeschriebener Brief.
- In der Regel sind die **Kündigungsfristen** im Arbeitsvertrag festgelegt. Fehlt eine solche Vereinbarung, gilt das Gesetz (Art. 335c OR). Demnach kann im ersten Dienstjahr mit einer Kündigungsfrist von einem Monat, im zweiten bis und mit dem neunten Dienstjahr mit einer Frist von zwei Monaten und danach mit dreimonatiger Frist jeweils auf ein Monatsende gekündigt werden. Die Kündigungsfristen dürfen nur durch schriftliche Vereinbarung abgeändert werden. Für Arbeitgeber und Arbeitnehmer müssen stets gleich lange Fristen gelten.
- Während der maximal dreimonatigen **Probezeit** beträgt die Kündigungsfrist 7 Tage.
- Wirksam wird die Kündigung erst, wenn sie **beim Empfänger eingetroffen** ist. Massgebend ist also nicht der Poststempel. Die Kündigung muss somit spätestens **am letzten Arbeitstag eines Monats** bei der Gegenpartei eintreffen, damit die Kündigungsfrist am 1. des Folge-

monats beginnen kann. Trifft die Kündigung zu spät ein, verlängert sich das Arbeitsverhältnis um einen Monat.

- Kann ein **eingeschriebener Brief** nicht zugestellt werden, gilt er als beim Empfänger eingetroffen, sobald er vom Postamt abgeholt wird. Wird er nicht abgeholt, gilt der letzte Tag der siebentägigen Abholfrist als Tag der Zustellung, sofern der Empfänger mit der Zustellung hatte rechnen müssen (BGE 123 III 492).
- Der Kündigende muss die **Kündigung schriftlich begründen**, wenn die andere Partei dies verlangt (Art. 335 OR). Allerdings ist die Kündigung auch dann gültig, wenn die Begründung verweigert wird oder falsch ist. Allenfalls wäre dann zu prüfen, ob die Kündigung eventuell missbräuchlich ist (siehe Seite 137).

Kündigen oder kündigen lassen?

Häufig werden Arbeitnehmende vor die Wahl gestellt, selbst zu kündigen oder sich kündigen zu lassen. Als Faustregel gilt: Kündigen Sie erst dann von sich aus, wenn Sie einen neuen Arbeitsvertrag in der Tasche haben. Andernfalls soll der Arbeitgeber kündigen. Selber kündigen hat Nachteile: Haben Sie den blauen Brief erst mal abgeschickt, haben Sie später keine Möglichkeit mehr, die Vertragsauflösung als missbräuchlich anzufechten. Auch können Sie nicht vom gesetzlichen Kündigungsschutz bei Arbeitsunfähigkeit profitieren (siehe Seite 134). Sollten Sie arbeitslos werden, riskieren Sie Einstelltage bei der Arbeitslosenversicherung, sofern Sie nicht nachweisen können, dass die Stelle unzumutbar war.

Achtung *Ob Sie kündigen wollen oder nicht, entscheiden Sie ganz alleine. Niemand kann Sie zwingen, selbst zu kündigen. Es darf auch keinen Einfluss auf Ihr Arbeitszeugnis haben, ob Sie oder Ihr Arbeitgeber gekündigt haben. Protestieren Sie notfalls schriftlich gegen Druckversuche.*

Als Mobbingopfer selber kündigen?

Es gibt Situationen, da Mobbingopfer keinen anderen Ausweg sehen, als möglichst rasch das Weite zu suchen. Mitunter macht es einfach keinen Sinn, Kraft und Energie zu investieren, um mit Leuten auszukommen, die einem nur schaden wollen. Die Gesundheit und das persönliche Wohlbefinden sind zu wertvoll, um sie aufs Spiel zu setzen. «Wenn ich nochmals in eine solche Situation käme, würde ich sofort die Konsequenzen ziehen und gehen», schreibt ein von Mobbing Betroffener in einem Diskussionsforum im Internet.

Als Mobbingopfer einen Schlussstrich zu ziehen und die Stelle zu wechseln, ist in vielen Fällen sicher die beste Lösung. Was aber, wenn keine neue Stelle in Sicht ist, Sie es aber am gegenwärtigen Arbeitsplatz einfach nicht mehr aushalten?

Vor übereilten Panikkündigungen ist dringend abzuraten. Denken Sie daran, dass Sie eine einmal ausgesprochene Kündigung nicht widerrufen können. Selbst wenn Sie in einem Anfall von Verzweiflung gehandelt haben und am nächsten Tag anders denken, ist die Kündigung definitiv. Um sie rückgängig zu machen, braucht es das Einverständnis des Arbeitgebers. Ausserdem ist es einfacher, im ungekündigten Arbeitsverhältnis eine neue Stelle zu finden, als wenn Sie arbeitslos sind. Wenn Sie am Ende Ihrer Kräfte sind, lassen Sie sich am besten eine Zeit lang krankschreiben, um neue Energie zu sammeln. Sie geniessen während der Arbeitsunfähigkeit einen Kündigungsschutz (siehe Seite 134).

Pro und Kontra Stellenwechsel

Ziehen Sie Bilanz, bevor Sie sich entscheiden. Notieren Sie auf einem Blatt Papier alle Gründe, die für respektive gegen eine Vertragsauflösung sprechen. Stellen Sie sich dabei folgende Fragen:

- Sehe ich noch eine Chance für eine gütliche Lösung? Wie könnte diese aussehen?
- Welche Rolle spielen meine Vorgesetzten, sind sie noch gesprächsbereit?
- Gibt es eine betriebsinterne Anlaufstelle, die mir Unterstützung bieten könnte?
- Sind personelle oder organisatorische Änderungen zu erwarten, die meine Probleme lösen könnten (Kündigungen, Pensionierungen, Umstrukturierungen)?
- Welche Vorteile bietet mir – trotz allem – die gegenwärtige Stelle?

- Gibt es eine Möglichkeit, dass ich an mir selbst arbeite und lerne, mit der gegenwärtigen Situation besser umzugehen?
- Wie stufe ich meine Chancen auf dem Arbeitsmarkt ein?
- Was für Ängste und Bedenken habe ich in Bezug auf einen Stellenwechsel? Sind diese Ängste wirklich berechtigt oder ist es einfach zu lange her, dass ich mich das letzte Mal bewerben musste?
- Was wäre, wenn ich eine Zeit lang arbeitslos bleiben würde?
- Wie steht es um meine psychische und körperliche Gesundheit? Schaffe ich es, noch ein paar Monate durchzuhalten, bis ich eine neue Stelle habe? Was sagt mein Arzt dazu?

Der richtige Zeitpunkt

Wenn Sie sich nach reiflicher Überlegung für eine Kündigung entscheiden, stellt sich die Frage nach dem richtigen Zeitpunkt. Kündigen Sie auf keinen Fall, solange Sie aus gesundheitlichen Gründen nicht in der Lage sind, eine Stelle zu suchen und sich zu bewerben. In diesem Fall sollten Sie warten, bis es Ihnen besser geht und Sie stark genug sind, den Neubeginn in Angriff zu nehmen. Besprechen Sie den idealen Zeitpunkt mit Ihrem Arzt oder Therapeuten.

Hinweis *Sobald das Arbeitsverhältnis gekündigt ist, muss Ihnen der Arbeitgeber freie Zeit für die Stellensuche gewähren. Üblich ist etwa ein halber Tag pro Woche. Bei Angestellten im Monatslohn dürfen wegen derartiger Absenzen keine Lohnabzüge gemacht werden (Art. 329 OR).*

Wenn Arbeitslosigkeit droht

Wenn Sie kündigen, bevor Sie eine neue Stelle haben, ist es wichtig, sich vom Arzt oder Therapeuten schriftlich bestätigen zu lassen, dass der alte Arbeitsplatz aus gesundheitlichen Gründen für Sie nicht mehr zumutbar ist. Auf diese Weise vermeiden Sie es, wegen selbstverschuldeter Arbeitslosigkeit von der Arbeitslosenversicherung mit Einstelltagen gebüsst zu werden.

Wenden Sie sich frühzeitig, spätestens aber am Tag, ab dem Sie Leistungen der Arbeitslosenversicherung beanspruchen, ans Regionale Arbeitsvermittlungszentrum (RAV), vereinbaren Sie einen Gesprächstermin und studieren Sie die abgegebenen Merkblätter, Unterlagen und Weiterbildungsangebote. Möglicherweise können Sie noch während der Kündigungszeit einen Lehrgang besuchen oder in einem Standortbestimmungskurs Ihre Bewerbungstechnik optimieren. Es wird von Ihnen erwartet, dass Sie bereits während der Kündigungsfrist intensiv nach einer neuen Stelle suchen. Aus Beweisgründen sollten Sie Ihre Stellenbemühungen unbedingt dokumentieren; standardisierte Formulare sind beim RAV erhältlich. Wenn Sie dies unterlassen und arbeitslos werden, drohen Ihnen Einstelltage wegen mangelnder Arbeitsbemühungen.

Tipp

Wichtige Informationen zur Arbeitslosenversicherung mit direkten Links zu den Gesetzestexten und massgebenden Gerichtsurteilen finden Sie als Abonnentin oder Abonnent des Beobachters unter: www.beobachter.ch/helponline.

Umfassende Informationen bietet auch der Beobachter-Ratgeber «Arbeitslos – was tun?», www.beobachter.ch/buchshop.

Fristlos gehen – ist das möglich?

Darf man bei schwerem Mobbing fristlos kündigen? Im Prinzip Ja. Aus wichtigen Gründen, wenn die Fortführung des Arbeitsverhältnisses nicht mehr zumutbar erscheint, haben sowohl Arbeitgeber wie auch Arbeitnehmer das Recht, das Arbeitsverhältnis fristlos aufzulösen (Art. 337 OR). Mobbt ein Arbeitgeber seine Angestellte oder schützt er sie nicht vor dem Mobbing durch Arbeitskollegen, kann dies in krassen Fällen ein wichtiger Grund für die betroffene Arbeitnehmerin sein, das Arbeitsverhältnis per sofort aufzulösen.

Da in diesem Fall der Grund für die fristlose Kündigung im vertragswidrigen Verhalten des Arbeitgebers liegt (Verletzung der Fürsorgepflicht, siehe Seite 73), schuldet der Arbeitgeber vollen Schadenersatz. Das ist vor allem der Lohn für die Dauer der ordentlichen Kündigungsfrist. Weitere Schadenersatzforderungen sind denkbar, sofern ein Schaden nachgewiesen werden kann – zum Beispiel Arztkosten, die nicht durch die Versicherung gedeckt werden.

Voraussetzung: hieb- und stichfeste Beweise

Die fristlose Kündigung ist ein extremes Mittel, das Sie nur in Ausnahmefällen in Betracht ziehen sollten und nur dann, wenn Sie wirklich beweisen können – am besten mit einem Arztzeugnis –, dass es für Sie nicht mehr zumutbar war, die Kündigungsfrist einzuhalten. Gelingt Ihnen der Beweis nicht, kann der Arbeitgeber den Spiess umdrehen und Sie seinerseits wegen ungerechtfertigten Verlassens der Arbeitsstelle zur Kasse bitten. Verlässt nämlich der Arbeitnehmer seine Stelle fristlos ohne wichtigen Grund, hat der Arbeitgeber Anspruch auf Entschädigung, die einem Viertel eines Monatslohns des Arbeitnehmers entspricht. Zudem kann er weiteren Schadenersatz geltend machen, sofern er den gesamten Schaden beweisen kann (Art. 337d OR). Die Entschädigungsforderung ist innert 30 Tagen seit Nichtantritt oder Verlassen der Arbeitsstelle durch Klage oder Betreibung geltend zu machen, andernfalls ist der Anspruch verwirkt.

Achtung *Wenn Sie fristlos kündigen, riskieren Sie, dass Sie sich vor Gericht rechtfertigen und um Ihre Ansprüche kämpfen müssen. In der Regel ist daher eine ordentliche Kündigung unter Einhaltung der Kündigungsfrist vorzuziehen. Wenn Sie es an Ihrer Arbeitsstelle keinen Tag länger aushalten, lassen Sie sich krankschreiben oder verhandeln Sie über eine Freistellung.*

Wenn der Arbeitgeber kündigt

Normalerweise kann man sich gegen eine Kündigung durch den Arbeitgeber nicht wehren. Doch keine Regel ohne Ausnahmen. Nicht in jedem Fall muss man eine Kündigung ohne weiteres hinnehmen. Hier ein Überblick über die geltenden Bestimmungen zum Kündigungsschutz.

Schützende Sperrfristen bei Arbeitsunfähigkeit

Wer arbeitsunfähig ist, darf nicht gekündigt werden. Dies glauben die meisten Arbeitnehmerinnen und Arbeitnehmer zu wissen. Doch so einfach ist die Sache nicht. Der Kündigungsschutz bei Arbeitsunfähigkeit ist zeitlich begrenzt. Nur während so genannter Sperrfristen muss man keine Kündigung befürchten. Art. 336c OR hält fest:

«Nach Ablauf der Probezeit darf der Arbeitgeber das Arbeitsverhältnis nicht kündigen:

a. während die andere Partei **schweizerischen obligatorischen Militär- oder Schutzdienst oder schweizerischen Zivildienst** leistet, sowie, sofern die Dienstleistung mehr als elf Tage dauert, während vier Wochen vorher und nachher;
b. während der Arbeitnehmer ohne eigenes Verschulden durch **Krankheit oder durch Unfall** ganz oder teilweise an der Arbeitsleistung verhindert ist, und zwar im ersten Dienstjahr während 30 Tagen, ab zweitem bis und mit fünftem Dienstjahr während 90 Tagen und ab sechstem Dienstjahr während 180 Tagen;
c. während der **Schwangerschaft** und in den 16 Wochen nach der Niederkunft einer Arbeitnehmerin;
d. während der Arbeitnehmer mit Zustimmung des Arbeitgebers an einer von der zuständigen Bundesbehörde angeordneten **Dienstleistung für eine Hilfsaktion** im Ausland teilnimmt.»

Beispiel *Die 44-jährige Pia K. erlitt einen Autounfall und musste schwer verletzt ins Spital eingeliefert werden. Als sie drei Monate später immer noch nicht arbeitsfähig war, schickte ihr der Arbeitgeber kurzerhand die Kündigung. Pia K. war gegen die rücksichtslose Kündigung leider machtlos. Da sie im dritten Dienstjahr war, betrug ihr Kündigungsschutz nur 90 Tage. Diese waren zum Zeitpunkt der Kündigung bereits abgelaufen.*

Kündigung während oder vor der Sperrfrist

Eine Kündigung, die **während einer Sperrfrist** – Juristen nennen dies «zur Unzeit» – ausgesprochen wurde, ist ungültig. Sie hat keine Wirkung und muss nach Ablauf der Sperrfrist oder nach der Genesung eines erkrankten Mitarbeiters wiederholt werden. Nach Ablauf der Sperrfrist kann aber gekündigt werden, auch wenn eine Arbeitsunfähigkeit weiter andauert, wie der Fall von Pia K. zeigt. Dauert die Arbeitsunfähigkeit weniger lang, dann endet auch der Kündigungsschutz entsprechend früher.

Ist die Kündigung **vor Beginn einer Sperrfrist** erfolgt und reicht das Ende der Kündigungsfrist noch in die Sperrfrist hinein, so ist der blaue Brief gültig. Aber: Die Kündigungsfrist wird dann während der Dauer der Sperrfrist unterbrochen und erst nachher wieder fortgesetzt. Danach endet die Kündigungsfrist am nächstmöglichen Endtermin, in der Regel an einem Monatsende.

Beispiel *Daniel Z. erhielt die Kündigung am 28. Mai auf Ende Juli. Im Juni war er eine Woche krank. Während dieser Zeit stand die Kündigungsfrist still und verlängerte sich somit bis zum 7. August. Gemäss gesetzlicher Vorschrift endete das Arbeitsverhältnis am nächstfolgenden Monatsende, also am 31. August.*

Der Kündigungsschutz bei Krankheit gilt sowohl bei ganzer wie auch teilweiser Arbeitsunfähigkeit. Die Sperrfristen bei Mutterschaft und Militärdienst funktionieren auf dieselbe Weise. Beachten Sie, dass die Sperrfristen nichts darüber aussagen, ob Sie während Ihrer Arbeitsunfähigkeit bezahlt sind oder nicht. Ein während längerer Zeit erkrankter Arbeitnehmer kann durchaus vor Kündigung geschützt sein, aber längst keinen Lohnanspruch mehr haben (siehe Seite 121).

Hinweis *Ist ein Arbeitnehmer wegen Krankheiten oder Unfällen, die untereinander in keinem Zusammenhang stehen, arbeitsunfähig, so löst jede neue Krankheit und jeder neue Unfall eine erneute Sperrfrist aus, während welcher der Arbeitgeber nicht kündigen kann (BGE 120 II 124).*

Zur Unzeit gekündigt – was tun?

Wenn Ihnen gekündigt wird, obwohl Sie krank geschrieben sind, sollten Sie Folgendes tun:

- Überprüfen Sie umgehend, ob eine Sperrfrist verletzt wurde. Lassen Sie sich im Zweifelsfall beraten.
- Protestieren Sie mit eingeschriebenem Brief, wenn die Kündigung während einer Sperrfrist erfolgt ist.
- Gehen Sie in der Folge davon aus, dass Sie sich in einem ungekündigten Arbeitsverhältnis befinden mit allen Rechten und Pflichten.
- Belegen Sie Ihre Arbeitsunfähigkeit lückenlos mit Arztzeugnissen.

- Nach erfolgter Genesung sind Sie dazu verpflichtet, die Arbeit wieder aufzunehmen oder zumindest (schriftlich) anzubieten. Tun Sie dies nicht, kann der Arbeitgeber die Lohnzahlung verweigern. Der Arbeitgeber ist nicht verpflichtet, Sie zur Arbeit aufzufordern (BGE 115 V 437).

Was tun, wenn Sie nach der Kündigung erkranken?

Gerade Mobbingopfer werden häufig erst krank, nachdem sie die Kündigung erhalten haben. «Mir ging es schon vorher nicht gut,» erzählt eine Frau, die monatelang von ihrem neuen Chef unsachlich kritisiert und schikaniert worden war. «Als ich dann die Kündigung bekam, konnte ich einfach nicht mehr. Mein Hausarzt musste mich krankschreiben.» Auch in diesem Fall ist es wichtig, dem Arbeitgeber umgehend ein Arztzeugnis zukommen zu lassen und sich auf den Kündigungsschutz gemäss Art. 336c OR zu berufen. Die Kündigung ist dann zwar gültig, wird aber wie oben erwähnt je nach Dauer der Erkrankung und Sperrfrist hinausgeschoben.

Achtung *Der beschriebene Kündigungsschutz gilt erst nach Ablauf der Probezeit und nur bei Kündigungen seitens des Arbeitgebers. Wenn Sie selbst kündigen, gelten die Sperrfristen nicht. Sie gelten auch dann nicht, wenn es sich um ein von vornherein befristetes Arbeitsverhältnis handelt. Schliesslich spielen die Sperrfristen auch bei einer fristlosen Entlassung aus wichtigen Gründen keine Rolle.*

Die missbräuchliche Kündigung

Neben dem zeitlichen gibt es auch einen sachlichen Kündigungsschutz. Kündigt der Arbeitgeber aus besonders verwerflichen Motiven, ist die Kündigung missbräuchlich. Dies bedeutet allerdings nicht, dass die Kündigung ungültig ist. Sie wird trotzdem wirksam. Betroffene Arbeitnehmerinnen und Arbeitnehmer können aber eine finanzielle Entschädigung einklagen. Sind bei einer Kündigung Diskriminierung oder sexuelle Belästigung im Spiel, kommen noch besondere Regeln zur Anwendung (siehe Seite 91).

Das Gesetz (Art. 336 OR) nennt eine ganze Liste von unfairen, unlauteren, verwerflichen und damit missbräuchlichen Kündigungsgründen, etwa die Kündigung wegen einer persönlichen Eigenschaft, wie Hautfarbe, Geschlecht, sexuelle Neigung etc. Für Mobbingopfer relevant ist vor allem das Verbot von Rachekündigungen – Kündigungen, die ausgesprochen werden, weil Angestellte sich für ihre Rechte wehren.

Was gilt bei Mobbing?

Laut Bundesgericht ist eine Kündigung noch nicht allein deswegen missbräuchlich, weil die gekündigte Person gemobbt wurde. Missbräuchlich ist die Kündigung aber dann, wenn einer Person aus einem der folgenden Gründe gekündigt wird:

- weil sie sich gegen Mobbing zur Wehr gesetzt hat,
- weil sie den Arbeitgeber an seine Fürsorgepflicht erinnert und aufgefordert hat, Abhilfe zu schaffen,
- wegen einer Leistungseinbusse, die auf Mobbing zurückzuführen ist und
- wegen Konflikten mit anderen Angestellten, wenn der Arbeitgeber es trotz Aufforderung unterlassen hat, angemessene Massnahmen zu treffen, um die bestehenden Konflikte unter den Mitarbeitenden zu schlichten (siehe auch Gerichtsurteil auf Seite 172).

Persönlichkeitsverletzende Kündigung

Schliesslich kann eine – grundsätzlich zulässige – Kündigung dann missbräuchlich sein, wenn die Art und Weise, wie sie ausgesprochen wurde, eine schwere Persönlichkeitsverletzung darstellt. Zum Beispiel, wenn die gekündigte Person gedemütigt und vor der ganzen Belegschaft blossgestellt wurde.

Wörtlich meinte das Bundesgericht in einem konkreten Fall: «Selbst wenn eine Partei die Kündigung rechtmässig erklärt, muss sie das Gebot schonender Rechtsausübung beachten. Sie darf insbesondere kein falsches und verdecktes Spiel treiben, das Treu und Glauben krass widerspricht. Ein krass vertragswidriges Verhalten, namentlich eine schwere Persönlichkeitsverletzung im Umfeld einer Kündigung, kann diese als missbräuchlich erscheinen lassen, auch wenn das Verhalten für die Kündigung nicht kausal war» (BGE 125 III 70). In derartigen Fällen lohnt es sich auf jeden Fall, sich rechtlich beraten zu lassen und vorsorglich gegen die Kündigung zu protestieren (siehe auch Gerichtsurteile ab Seite 167).

Lässt sich der Missbrauch beweisen?

Wenn Sie der Meinung sind, dass Ihnen missbräuchlich gekündigt wurde, ist es an Ihnen, die unlauteren Motive des Arbeitgebers zu beweisen. Sie müssen belegen können, dass es sich um eine Rachekündigung handelt und nicht etwa um eine organisatorische Massnahme, wie der Arbeitgeber im Kündigungsschreiben möglicherweise geltend macht. Sammeln Sie bei Konflikten am Arbeitsplatz deshalb laufend schriftliche Beweise – zum Beispiel Gesprächsprotokolle und Protestschreiben – und führen Sie ein Mobbingtagebuch (siehe Seite 55). Fehlende Beweise sind der Hauptknackpunkt im Zusammenhang mit missbräuchlichen Kündigungen. Denn nur wenige Arbeitgeber sind so ungeschickt, ihren missbräuchlichen Kündigungsgrund offen zuzugeben.

Achtung *Die Tatsache, dass der Arbeitgeber die Kündigung nicht begründet hat oder die Begründung nicht den Tatsachen entspricht, ist noch kein Beweis für die Missbräuchlichkeit der Kündigung. Laut Bundesgericht stellt die unwahre Begründung als solche noch keinen Rechtsmissbrauch dar (BGE 121 III 60).*

Missbräuchlich gekündigt – so wehren Sie sich

Wenn Sie überzeugt sind, dass Ihnen missbräuchlich gekündigt wurde, müssen Sie unbedingt noch während der Kündigungsfrist schriftlich Einsprache erheben (Art. 336b OR). Eine Briefvorlage finden Sie im Anhang. Ist dann keine gütliche Einigung mit dem Arbeitgeber möglich, können Sie eine finanzielle Entschädigung geltend machen. Dazu müssen Sie innert 180 Tagen nach Beendigung des Arbeitsverhältnisses beim Arbeitsgericht Klage gegen den Arbeitgeber einreichen. Die Entschädigung wird vom Richter unter Würdigung aller Umstände (Anlass der Kündigung, Art und Dauer des Arbeitsverhältnisses, Ausmass der Persönlichkeitsverletzung etc.) festgelegt und beträgt maximal sechs Monatslöhne (Art. 336a OR).

Vermag die gekündigte Person schwere Persönlichkeitsverletzungen nachzuweisen, kann sie über die genannte Entschädigung hinaus noch eine Genugtuung fordern. Doch dies ist nur in gravierenden Ausnahmefällen Erfolg versprechend. Lassen Sie sich vor eine Klage rechtlich beraten!

Achtung *Die oben erwähnten Fristen sind unbedingt einzuhalten. Ist die Kündigungsfrist erst einmal abgelaufen, ist gegen eine missbräuchliche Kündigung nichts mehr zu machen. Auch die 180-tägige Frist zur Klageeinreichung ist strikte einzuhalten, ansonsten ist jeder Anspruch verwirkt (Art. 336b OR).*

Wann darf der Chef fristlos kündigen?

Fristlose Kündigungen dürfen nur in Ausnahmefällen aus wichtigen Gründen ausgesprochen werden, wenn also ein Umstand vorliegt, «bei dessen Vorhandensein dem Kündigenden nach Treu und Glauben die Fortsetzung des Arbeitsverhältnisses nicht mehr zugemutet werden darf» (Art. 337 OR). Das Vertrauensverhältnis zwischen den Parteien muss so schwer gestört sein, dass die sofortige Auflösung des Arbeitsverhältnisses als einziger Ausweg erscheint (BGE 116 II 42).

Die fristlose Entlassung beendet das Arbeitsverhältnis per sofort. Eine weitere Lohnzahlung ist nicht mehr geschuldet. Im Streitfall ist es Sache des Kündigenden, den wichtigen Grund zu beweisen. Gründe für eine fristlose Entlassung können sein:

- Vergehen wie Diebstahl, Betrug, Veruntreuung, Fälschen von Spesenabrechnungen oder Arztzeugnissen.
- Wiederholte und beharrliche Verweigerung der zugewiesenen Arbeit, unberechtigtes Fernbleiben vom Arbeitsplatz, eigenmächtiger Ferienbezug, wiederholtes unentschuldigtes Blaumachen, trotz Verwarnung durch den Arbeitgeber.
- Schwerer Vertrauensbruch, wie Verrat von Geschäftsgeheimnissen, Konkurrenzierung des Arbeitgebers, Annahme von Schmiergeldern.
- Falsche Angaben bei der Stellensuche, soweit sie Fähigkeiten, absolvierte Ausbildungsgänge, bestandene Examen etc. betreffen, die im Zusammenhang mit dem betreffenden Arbeitsplatz wesentlich sind.

Häufiges Kranksein: kein Grund für eine fristlose Entlassung

Ein schlechtes Arbeitsklima oder auch ungenügende Leistungen reichen nicht aus, um jemanden fristlos zu entlassen. Auch Pflichtverletzungen des Arbeitnehmers, die ihren Ursprung in einer momentanen oder dauernden Überforderung (zum Beispiel wegen Mobbing) haben und nicht auf Unredlichkeit beruhen, rechtfertigen keine fristlose Entlassung. Auf keinen Fall darf der Arbeitgeber Sie fristlos entlassen, weil Sie häufig arbeitsunfähig sind.

Hinweis *Erfährt der Arbeitgeber von einer schwer wiegenden Pflichtverletzung des Arbeitnehmers, muss er die fristlose Entlassung rasch aussprechen. Er hat höchstens zwei bis drei Tage Bedenkfrist. Wartet er zu und duldet das Verhalten des Arbeitnehmers zunächst stillschweigend, kann er später deswegen keine fristlose Kündigung mehr aussprechen. Er hat mit seinem Zuwarten bewiesen, dass die Fortführung des Arbeitsverhältnisses offenbar doch nicht unzumutbar ist.*

Zu Unrecht gefeuert – wie reagieren?

Gegen eine ungerechtfertigte fristlose Entlassung sollten Sie sich umgehend zur Wehr setzen. Protestieren Sie in einem eingeschriebenen Brief gegen die Entlassung und machen Sie Schadenersatz geltend (siehe Briefvorlage im Anhang). Beginnen Sie umgehend mit der Stellensuche.

Vor Gericht können Sie den Lohn für die ordentliche Kündigungsfrist geltend machen (Art. 337c OR). Zusätzlich kann der Richter den Arbeitgeber auf Antrag des Entlassenen verpflichten, diesem eine Entschädigung zu bezahlen. Sie wird vom Richter nach freiem Ermessen unter Würdigung aller Umstände festgelegt, wie Dauer des Arbeitsverhältnisses, Vorgeschichte der Entlassung, Auswirkung der Kündigung. Die Entschädigung beträgt wie im Fall der missbräuchlichen Kündigung maximal sechs Monatslöhne.

Achtung *Die fristlose Entlassung, auch die ungerechtfertigte, beendet das Arbeitsverhältnis sofort. Damit endet auch der Versicherungsschutz, den ein Arbeitnehmer geniesst. Die obligatorische Unfallversicherung endet beispielsweise 30 Tage nach Beendigung des Arbeitsverhältnisses. Fristlos Entlassene, die nicht gleich wieder eine Stelle antreten oder nicht sofort stempeln gehen, müssen sich daher um ihre Unfallversicherung kümmern.*

Die einvernehmliche Vertragsauflösung

Wenn Sie wegen Mobbing aus einem Betrieb ausscheiden, kann es sich lohnen, mit dem Arbeitgeber über eine Vertragsauflösung im gegenseitigen Einvernehmen zu verhandeln. Vor allem dann, wenn Sie aus gesundheitlichen Gründen auf keinen Fall länger in der Firma bleiben können, aber auch keinen Sinn darin sehen, sich monatelang krankschreiben zu lassen.

Beispiel *Nach jahrelangem Mobbing erhält Walter F. (44) von seinem Arbeitgeber die Kündigung. Während des zutiefst demütigenden Kündigungsgesprächs wird ihm klar, dass er es nicht mehr ertragen kann, noch einen einzigen Tag länger in dieser Firma zu arbeiten. Sein Hausarzt, der die Situation kennt, schreibt ihn krank. Nun steht Walter F. vor einem Dilemma. Durch die Arbeitsunfähigkeit während der Kündigungsfrist verlängert sich das Arbeitsverhältnis – die Sperrfrist bei Arbeitsunfähigkeit beträgt im Fall von Walter F. aufgrund des langjährigen Arbeitsverhältnisses maximal 180 Tage. So lange will er sich aber keinesfalls krankschreiben lassen. Schon nach wenigen Wochen fühlt er sich stark genug, um den Neubeginn in Angriff zu nehmen. Er ist nicht mehr generell krank, sondern nur arbeitsunfähig in Bezug auf die gegenwärtige Stelle. Und er fürchtet zu Recht, dass eine lange Arbeitsunfähigkeit ihm bei der Stellensuche schaden könnte. Verzichtet er jedoch auf den Kündigungsschutz, handelt er sich Probleme mit der Arbeitslosenversicherung ein. Was also ist zu tun?*

Die Verhandlung mit dem Arbeitgeber

Im Fall von Walter F. liegt eine gütliche Einigung durchaus im Interesse beider Parteien. Sein Dilemma wäre mit einer Freistellung während der Kündigungsfrist gelöst, Walter F. müsste ab sofort nicht mehr arbeiten und könnte sich voll der Stellensuche widmen. Weitere Verhandlungspunkte wären ein gutes Arbeitszeugnis sowie eine allfällige Entschädigung für das jahrelange Mobbing. Der Arbeitgeber seinerseits hat ebenfalls kein Interesse daran, dass die Kündigungsfrist des entlassenen Angestellten wegen Arbeitsunfähigkeit um Monate verlängert

Was gilt bei einer Freistellung?

Bei einer Freistellung verzichtet der Arbeitgeber während der Kündigungsfrist einseitig auf die Arbeitsleistung des Angestellten. Das müssen Sie wissen:

- Das Arbeitsverhältnis läuft trotz der Freistellung bis Ende Kündigungsfrist weiter. Die Freistellung ist also keine fristlose Entlassung.
- Der Arbeitgeber schuldet somit bis zur ordentlichen Beendigung des Vertrages weiterhin den vollen Lohn, inklusive allfällige regelmässige Zulagen, wie Durchschnittsprovision, 13. Monatslohn etc.
- Klären Sie die Frage, ob Sie während der Freistellung noch bestimmte Pflichten haben. Wenn ja, halten Sie die Einzelheiten schriftlich fest.
- Sind Sie bedingungslos freigestellt worden, haben Sie das Recht, während der Freistellungsdauer eine neue Stelle anzutreten, sofern die neue Tätigkeit den bisherigen Arbeitgeber nicht konkurrenziert. Ein Anspruch auf doppelte Lohnzahlung besteht jedoch nicht.
- Restliche Ferienansprüche sind grundsätzlich während der Freistellungszeit zu beziehen, wenn dies zumutbar und möglich ist und die Freistellungsdauer das vorhandene Ferienguthaben deutlich übersteigt. Müssen Sie jedoch noch eine Stelle suchen, ist ein Ferienbezug unter Umständen nicht zumutbar (BGE 128 III 271). Die Ferien müssen dann bei Beendigung des Arbeitsverhältnisses finanziell abgegolten werden.
- Wenn Sie noch offene Überstundenforderungen haben, gilt Folgendes: Von Gesetzes wegen ist eine Kompensation von Überstunden durch Freizeit nur im Einverständnis mit dem Arbeitnehmer möglich. Sie kann – auch bei Freistellung – nicht einseitig vom Arbeitgeber aufgezwungen werden (BGE 123 III 84). Besteht also keine vertragliche Abmachung, wonach Überstunden durch Freizeit abgegolten werden, können Sie auf einer Auszahlung beharren. Dabei ist – andere schriftliche Abmachungen vorbehalten – ein Zuschlag von 25 Prozent geschuldet.

wird. Ausserdem möchte er eine brodelnde Gerüchteküche im eigenen Betrieb sowie eine mögliche Klage wegen missbräuchlicher Kündigung vermeiden. Zudem will er nicht riskieren, dass die unschöne Mobbinggeschichte womöglich an die Öffentlichkeit dringt. In diesem Fall lohnt es sich also zu verhandeln.

Vereinbarungen mit dem Arbeitgeber über eine Vertragsauflösung im gegenseitigen Einvernehmen sind aber nicht ohne Tücke. Holen Sie juristischen Rat ein, bevor Sie eine Abmachung unterschreiben, oder lassen Sie sich durch einen Anwalt vertreten.

Achtung *Oft werden Angestellte überrumpelt und unter Druck gesetzt, so rasch wie möglich ein vorgefertigtes Schreiben zu unterzeichnen. Das müssen Sie nicht akzeptieren. Verlangen Sie auf jeden Fall Bedenkzeit. Denken Sie daran, dass Sie eine einmal geleistete Unterschrift nicht einfach zurückziehen können.*

Darauf müssen Sie achten

Damit Sie Ihre Interessen in der Verhandlung über eine einvernehmliche Vertragsauflösung optimal wahrnehmen können, müssen Sie folgende Punkte beachten:

- Stimmen Sie keiner Verkürzung der Kündigungsfrist zu, es sei denn, Sie haben eine neue Stelle.
- Stimmen Sie keiner Vertragsauflösung zu, solange Sie vollständig arbeitsunfähig sind (also nicht nur in Bezug auf die gegenwärtige Stelle) und einen Kündigungsschutz geniessen.
- Für Mobbingopfer ist es in der Regel ein Segen, wenn sie die Kündigungsfrist nicht mehr absitzen müssen, sondern den Betrieb so rasch wie möglich verlassen können. Verhandeln Sie daher über eine Freistellung während der Kündigungsfrist. Die Einzelheiten sollten schwarz auf weiss geregelt sein (siehe Kasten Seite 143).
- Unterschreiben Sie keine Klausel, «per Saldo aller Ansprüche», wenn Sie nicht wirklich sicher sind, dass alles seine Richtigkeit hat.
- Beharren Sie auf einem fairen, wahrheitsgetreuen Arbeitszeugnis. Lassen Sie dieses zur Sicherheit von Fachleuten kontrollieren.
- Wenn Sie einen Kompromiss aushandeln, sollten Sie darauf achten, dass nicht nur Sie Zugeständnisse machen. Mögliche Verhandlungspunkte zu Ihren Gunsten könnten sein: Frühpensionierung, Verlängerung der Kündigungsfrist, Abfindung, Outplacementberatung (professionelle Hilfe bei der Stellensuche).

Hinweis *Haben Sie voreilig eine Vereinbarung unterschrieben, die sich für Sie als nachteilig erweist? Unter Umständen ist noch nicht alles verloren. Arbeitnehmer haben von Gesetzes wegen gewisse zwingende Ansprü-*

che, auf die sie während der Dauer des Arbeitsverhältnisses und eines Monats nach dessen Beendigung nicht gültig verzichten können, zum Beispiel Ferienansprüche, Art. 341 OR. Lassen Sie die Abrechnung von einer Fachperson überprüfen.

Blick nach vorn – die Zukunft anpacken

Sobald sich abzeichnet, dass Sie in Ihrem gegenwärtigen Betrieb keine Zukunft mehr haben, sollten Sie Ihre Fühler auf dem Arbeitsmarkt ausstrecken. Schaffen Sie sich für Ihre Stellensuche, den beruflichen Neustart eine gute Ausgangslage. Achten Sie auf ein gutes Zeugnis, auf faire Referenzauskünfte. Je aktiver Sie die Zukunft angehen, desto grösser sind Ihre Erfolgsaussichten.

Kämpfen lohnt sich: das Arbeitszeugnis

Arbeitnehmerinnen und Arbeitnehmer können jederzeit vom Arbeitgeber ein Zeugnis verlangen, das sich über die Art und Dauer des Arbeitsverhältnisses sowie über ihre Leistungen und ihr Verhalten ausspricht (Art. 330a OR). Sie können also bereits während des Arbeitsverhältnisses um ein so genanntes Zwischenzeugnis ersuchen, was bei Chefwechsel unbedingt zu empfehlen ist. Jederzeit bedeutet: Innerhalb einer Woche bis zehn Tagen sollten Sie Ihr Zeugnis bekommen. Einen Grund für diesen Wunsch müssen Sie nicht angeben.

Ein gutes Arbeitszeugnis kann wichtiger sein als Geld. Es hilft Ihnen, rasch eine neue Stelle zu finden. Ein schlechtes Arbeitszeugnis hingegen ist wie eine Bleikugel, die man das ganze Berufsleben mitschleppt und die einem die Chancen vermiest. Da lohnt es sich zu kämpfen. Wenn Sie prüfen wollen, ob Ihr Zeugnis korrekt abgefasst ist, können Sie dies anhand eines ganzen Katalogs von Kriterien tun – hier ein Überblick.

Ist das Zeugnis vollständig?

Gibt das Zeugnis umfassend Auskunft über Ihre Pflichten und Verantwortlichkeiten, Ihre Leistungen und Ihr Verhalten? Erwähnt es alle Eigenschaften und Fähigkeiten, die für Sie und die von Ihnen ausgeübte Tätigkeit wesentlich sind? Folgendes darf nicht fehlen:

- Anstellungsdauer
- ausführliche Beschreibung des Aufgabenbereichs inklusive Positionsbezeichnung und hierarchische Stellung
- Beförderungen und Versetzungen mit Datum
- Beurteilung der Leistung
- Beurteilung des Verhaltens gegenüber den Mitarbeitern und Vorgesetzten, gegebenenfalls auch Kunden

Was wird verschwiegen?

Da Zeugnisse grundsätzlich positiv formuliert werden, ist wichtig, was nicht im Zeugnis steht. Negativ ist also etwa beredtes Schweigen über die Führungsqualitäten eines leitenden Angestellten oder die Zuverlässigkeit und Vertrauenswürdigkeit eines Buchhalters. Fehlt eine Bewertung des Verhaltens? Dann muss angenommen werden, dass es im zwischenmenschlichen Bereich Probleme gab.

Stimmt die Bewertung?

Zeugnisse müssen wahrheitsgetreu und objektiv sein. Ungenauigkeiten und Falschangaben sind zu berichtigen. Vermutungen oder Verdächtigungen gehören nicht ins Zeugnis. Zudem sollen die abgegebenen Beurteilungen wesentlich und charakteristisch sein. Der Richter muss sie notfalls überprüfen können. Einzelepisoden, Belanglosigkeiten und längst vergangene gesundheitliche Probleme gehören nicht ins Zeugnis.

Ist klar, was gemeint ist?

Ein Zeugnis muss frei von versteckten, zweideutigen Mitteilungen sein. Dazu gehört eine klare, verständliche Sprache sowie der Verzicht auf schwammige, interpretationsbedüftige Formulierungen. Floskeln wie «bemühte sich», «gab stets ihr Bestes», oder «zeigte viel Interesse für die Belange der Firma» sagen zwar etwas über die guten Absichten eines Angestellten aus, nichts aber über die tatsächliche Leistung. Solche Wendungen dienen in der Regel dazu, schlechte Leistungen zu umschreiben, ohne dies aber klar zum Ausdruck zu bringen. Sie sind daher unzulässig.

Wo liegen die Schwerpunkte?

Welche Eigenschaften des Zeugnisempfängers werden besonders hervorgehoben? Und wie wesentlich, wie belanglos oder wie selbstverständlich sind sie in Bezug auf die von ihm ausgeübte Tätigkeit? Nicht für jeden Beruf sind die gleichen Fähigkeiten wichtig. Wird der Bilanzprüfer als einfühlsam beschrieben, wirkt dies seltsam. Anders verhält es sich jedoch bei der Krankenschwester.

Wie steht's mit Kritik und Tadel?

Arbeitszeugnisse sollten wohlwollend formuliert sein und das berufliche Fortkommen der Arbeitnehmer nicht unnötig erschweren. Es besteht aber nicht grundsätzlich ein Anspruch auf ein «gutes» Zeugnis. Negative Äusserungen sind zulässig, sofern sie wahr sind und wesentlich für die Leistung oder das Verhalten des Angestellten. Ein Arbeitgeber kann sogar haftbar gemacht werden, wenn er zum Beispiel einem betrügerischen Angestellten ein allzu schönfärberisches Zeugnis ausstellt und sich dieser an einer neuen Arbeitsstelle wieder unkorrekt verhält.

Nur eine Arbeitsbestätigung?

Auf Wunsch des Arbeitnehmers kann sich das Zeugnis auf Angaben über Art und Dauer des Arbeitsverhältnisses – ohne jede Leistungsbeurteilung – beschränken. Eine solche Arbeitsbestätigung macht jedoch einen schlechten Eindruck und ist höchstens bei sehr kurzen Arbeitsverhältnissen zu empfehlen.

Hinweis *Darf der Arbeitgeber gesundheitliche Probleme im Arbeitszeugnis erwähnen? Grundsätzlich ist dies erlaubt, wenn die Krankheit einen gravierenden Einfluss auf die Leistung oder das Verhalten des Arbeitnehmers hatte oder das Arbeitsverhältnis wegen der fraglichen Krankheit aufgelöst wurde. Die Erwähnung von gesundheitlichen Problemen im Arbeitszeugnis wäre jedoch stossend, wenn die Krankheit eine Folge von Mobbing ist und der Arbeitgeber es versäumt hat, Massnahmen zum Schutz des Arbeitnehmers zu treffen. In diesem Fall sollten sich Betroffene notfalls mit rechtlichen Mitteln dagegen wehren.*

Wie kann ich mich wehren?

Wenn Sie ein Zeugnis erhalten haben, das Sie nicht akzeptieren können, sollten Sie das Gespräch mit dem Verfasser suchen. Fragen Sie, wie einzelne Formulierungen gemeint sind und warum dies oder jenes fehlt. Nicht jede ungünstige Wendung muss Absicht sein.

Im Notfall bleibt der Gang zum Arbeitsgericht. Wird das Zeugnis gänzlich verweigert, können Sie Erfüllungsklage einreichen. Mit einer Berichtigungsklage können Sie sich wehren, wenn das Arbeitszeugnis inhaltlich nicht den gesetzlichen Anforderungen entspricht und/oder wenn Sie mit der Beurteilung nicht einverstanden sind. Formulieren Sie von sich aus einen Ihnen angemessen erscheinenden Text und reichen Sie ihn dem Gericht ein. Zeugnisprozesse sind in der Regel kostenlos.

Referenzauskünfte: Was ist zu beachten?

Mit der Auflösung des Arbeitsverhältnisses ist das Mobbing nicht unbedingt beendet. Was tun, wenn der ehemalige Arbeitgeber negative Auskünfte über Sie erteilt und Ihnen somit bei der Stellensuche massiv schadet?

Das Datenschutzgesetz untersagt die Weitergabe von besonders schützenswerten Personendaten oder Persönlichkeitsprofilen, wenn sie nicht durch Einwilligung des Betroffenen, durch ein überwiegendes privates oder öffentliches Interesse oder durch Gesetz gerechtfertigt ist (Art. 12/13 DSG). Ein Arbeitgeber darf also nur dann Auskünfte über einen ehemaligen Mitarbeiter erteilen, wenn dieser zugestimmt hat. Oder anders gesagt: Sie können Ihrem ehemaligen Arbeitgeber verbieten, Auskünfte über Sie zu erteilen. Die Frage der Referenzen regelt man am besten schriftlich beim Austritt aus der Firma.

Die Klage vor Gericht

Widerrechtlich erteilte oder falsche Referenzauskünfte stellen eine Persönlichkeitsverletzung des betroffenen Arbeitnehmers dar. Notfalls stehen Ihnen folgende Klagemöglichkeiten vor Gericht offen:

- Klage auf Feststellung der Widerrechtlichkeit einer Informationsweitergabe, wenn sie sich weiterhin störend auswirkt.

- Unterlassungsklage: Damit kann gerichtlich eine zukünftige Persönlichkeitsverletzung unterbunden werden.
- Beseitigungsklage: Hier geht es um Korrektur oder Berichtigung einer erteilten Auskunft.
- Klage auf Schadenersatz, sofern erwiesen ist, dass eine erteilte Falschauskunft ausschlaggebend war für eine Nichtanstellung.

Arbeitnehmerinnen und Arbeitnehmer sind also nicht rechtlos. Doch machen wir uns nichts vor: Wer sich gegen unliebsame Referenzen rechtlich zur Wehr setzt, hat häufig kaum lösbare Beweisprobleme. Eine Rechtsberatung ist in derartigen Fällen daher unerlässlich.

Tipp *Ein Merkblatt des Eidgenössischen Datenschutzbeauftragten zu Referenzauskünften im Bewerbungsverfahren finden Sie im Internet unter www.edsb.ch/d/themen/weitere/Referenzauskuenfte_d.pdf.*

Tipps für die Stellensuche

Es ist ratsam, frühzeitig mit der Stellensuche zu beginnen. Wer sein Schicksal aktiv in die Hand nimmt, ist immer besser dran als derjenige, der in passiver Wartestellung verharrt. Ausserdem hilft Ihnen die zukunftsgerichtete Tätigkeit der Stellensuche, die Misere an Ihrem gegenwärtigen Arbeitsplatz besser zu verkraften. Die passende Stelle zu finden erfordert viel Zeit. Suchen Sie daher auf mehreren Kanälen gleichzeitig.

- Lesen Sie regelmässig die Stellenanzeigen in möglichst vielen Zeitungen und Fachzeitschriften. Holen Sie vor einer Bewerbung telefonische Zusatzinformationen ein.
- Durchforsten Sie im Internet alle paar Tage die Vielzahl von Stellenportalen bzw. Jobbörsen.
- Kontaktieren Sie ein paar wenige auf Ihre Branche spezialisierte Stellenvermittlungsbüros, Headhunter oder Personalberatungen.
- Platzieren Sie ein Stellensuche-Inserat unter neutraler Chiffre-Nummer in der Tages- oder Fachzeitschrift.
- Treten Sie mit einer Spontanbewerbung von sich aus in Kontakt mit interessanten Firmen.

Aktivieren Sie Ihr Beziehungsnetz

Falls Sie Angst haben, keine neue Stelle zu finden, wenden Sie sich an eine Laufbahn- oder Berufsberatung. Erkundigen Sie sich nach Weiterbildungsmöglichkeiten und lassen Sie Ihr Bewerbungsdossier von Fachleuten überprüfen und auf den neusten Stand bringen. Aktivieren Sie Ihr Beziehungsnetz, orientieren Sie Bekannte, (ehemalige) Geschäftspartner, Arbeits- und Schulkollegen, dass Sie auf Stellensuche sind. Beziehungen sind immer noch der beste Weg, eine neue Stelle zu finden. Vermeiden Sie jedoch, sich bei diesen Personen (und auch in Vorstellungsgesprächen) über das erlebte Mobbing zu beklagen. Sprechen Sie lieber von der neuen Herausforderung, die Sie suchen. Erwähnen Sie allenfalls, dass die Chemie an Ihrem gegenwärtigen Arbeitsplatz einfach nicht mehr stimmt, und lassen Sie es dabei bewenden.

Denken Sie über eine Auszeit nach, damit Sie in Ruhe Ihre berufliche Situation analysieren können. Nutzen Sie die Gelegenheit, den Stellenwert der Arbeit in Ihrem Leben zu überdenken und möglicherweise eine Neuorientierung ins Auge zu fassen.

Tipp *Umfassende Hilfe und wertvolle Ratschläge für die Stellensuche finden Sie im Beobachter-Ratgeber «Stellensuche mit Erfolg. So bewerben Sie sich richtig», www.beobachter.ch/buchshop.*

Mobbing verarbeiten

Leider ist es mit dem Ausscheiden aus dem feindseligen Umfeld nicht getan. Mobbing ist ein lange nachwirkendes Gift. Die erlebten Kränkungen lassen sich nicht von heute auf morgen abstreifen, das zerstörte Selbstbewusstsein nicht ohne weiteres wieder aufrichten. Rechnen Sie damit, dass Sie noch längere Zeit, vielleicht jahrelang, die Nachwirkungen der bösen Erfahrungen spüren werden. Verlangen Sie nicht von sich selber, dass Sie sofort wieder zu 100 Prozent «funktionieren».

Wenn Sie unter schwerem Mobbing gelitten haben, ist es wichtig, dass Sie sich auch noch während Ihres Neubeginns von einer Fachperson beraten und begleiten lassen, die Ihnen hilft, das Erlebte zu verarbeiten und allfällige Probleme und Unsicherheiten an der neuen Arbeitsstelle richtig einzuordnen. In vielen Fällen ist sogar eine Therapie nötig und sinnvoll. «Personen, die wieder eine Arbeit finden, die alten Konflikte jedoch nicht verarbeitet haben, laufen Gefahr, die Probleme der alten Arbeitsstelle an den neuen Arbeitsplatz mitzunehmen», erklärt der Psychologe und Mobbingexperte Klaus Schiller-Stutz in einer Broschüre über «Mobbing und Arbeitsplatzkonflikte» (siehe Anhang). «Durch Projektionen und andere Abwehrmechanismen kommen sie in eine ähnliche Rolle und wiederholen die Geschichten immer wieder. Die gehäuften Stellenwechsel von betroffenen Personen können – trotz bester Qualifikationen und hoher sozialer Kompetenz – auf dieses Phänomen zurückgeführt werden.»

8. Wie Firmen Mobbing vorbeugen können

Ob Mobbing eine Chance hat, hängt eng mit der Unternehmenskultur und dem Verhalten der Führungskräfte eines Betriebes zusammen. Dieses Kapitel richtet sich deshalb an Vorgesetzte: Wie können sie Mobbing vermeiden und damit nicht zuletzt massive Kosten sparen?

Die Verantwortung der Chefs

Führungskräfte spielen beim Entstehen von Mobbing eine entscheidende Rolle. Heinz Leymann, der Begründer der modernen Mobbingforschung (siehe Seite 14) betont, ihm sei kein Fall bekannt, wo Vorgesetzte den Konflikt nicht schon früh hätten in den Griff bekommen können. «Mobbing bricht aus, weil es geschehen darf. Und es kann geschehen, weil sich niemand in der Chefetage um diese Dinge kümmert oder weil man ihnen sogar indirekt oder direkt Vorschub leistet.»

Wenn Vorgesetzte versagen

Die Hauptursache dafür, dass sich Mobbing in einem Betrieb etablieren und ausbreiten kann, ist demnach das Versagen der Chefs. Wie dies sich auswirken kann, zeigt das Beispiel von Nicole R.

Beispiel *Die Mitdreissigerin wurde in einem Altersheim als Leiterin der Cafeteria eingestellt mit der klaren Vorgabe, etliche Änderungen durchzuführen. Ihre Vorgängerin war nach 26 Jahren pensioniert worden, längst fällige Neuerungen hatte man im Hinblick auf ihren Weggang aufgeschoben. Nicole R.s Vorgesetzte unterliessen es jedoch, das Team über die geplanten Änderungen zu informieren und der neuen Leiterin den Rücken zu stärken. Nicole R. stiess daher von Anfang an auf erbitterten Widerstand, hauptsächlich von Seiten ihrer Stellvertreterin. Die 60-jährige M., welche jahrzehntelang mit ihrer Vorgängerin zusammengearbeitet hatte, schwärzte sie im Team an und beklagte sich hinter ihrem Rücken beim nächsthöheren Vorgesetzten.*

Nicole R. stand alleine da. Ihr Chef half ihr nicht. «Das Ganze war ihm einfach unangenehm, er war wie ein Blatt im Wind, gab jedem Recht, der gerade bei ihm war », erinnert sich Nicole R. Erschwerend kam hinzu, dass M. mit dem Direktor befreundet war und sich regelmässig mit dessen Frau zum Tennisspielen traf. «Wenn ich versuchte, meine Sicht der Dinge darzulegen, stellte mich M. als Lügnerin hin. Dies erfuhr ich allerdings immer nur indirekt und im Nachhinein. Ich hatte ständig das Gefühl, bei allem, was ich tat, einen Schritt zu spät zu sein», so Nicole R. Eine Supervision scheiterte am

Widerstand von M. Auch hier waren die Vorgesetzten nicht stark genug, um sich durchzusetzen. Schliesslich erkannte Nicole R: «An diesem Ort hatte ich nichts mehr verloren.»

Was Nicole R. erlebt hat, ist bezeichnend für das Verhalten vieler Führungskräfte, wenn sie mit zwischenmenschlichen Konflikten am Arbeitsplatz konfrontiert werden. Meist ist es nicht böser Wille, sondern Überforderung, Gleichgültigkeit und Bequemlichkeit, welche Vorgesetzte daran hindern, die nötigen Massnahmen zu ergreifen. Ausserdem stehen Chefs häufig unter Druck, die Zahlen müssen stimmen, Termine sind einzuhalten. Da werden Personen, die sich über Mobbing beklagen, einfach als Sand im Getriebe wahrgenommen, den es zu entfernen gilt, damit die Rädchen auch weiterhin reibungslos laufen können.

Doch das Ignorieren von Mobbing und das Ausschalten der Betroffenen ist nur kurzfristig und nur scheinbar eine Lösung. Solange die Ursachen des Konflikts nicht behoben werden, sind weitere Krisen vorprogrammiert. Es ist bezeichnend, dass viele Mobbingbetroffene übereinstimmend aussagen, sie seien nicht der oder die Erste, die derartiges erleben. «Vor mir sind schon sechs andere Personen gegangen», heisst es dann etwa, oder: «In dieser Abteilung gibt es unheimlich viel Personalwechsel.» Auch die Nachfolgerin von Nicole R. dürfte mit ähnlichen Problemen konfrontiert werden, wenn die Führung des Altersheims ihre Haltung nicht grundsätzlich ändert.

Motivation und Produktivität leiden

Führungskräfte sind verpflichtet, ihre Untergebenen vor Mobbing zu schützen. Dabei handelt es sich um eine doppelte Verpflichtung, denn auch ihre Treuepflicht als Arbeitnehmer gebietet es den leitenden Angestellten, derartige Machenschaften zu verhindern. Mobbing hat nicht nur dramatische Auswirkungen auf die berufliche Situation der Mobbingopfer, sondern vergiftet das Betriebsklima und beeinträchtigt die Motivation der verbleibenden Angestellten. Den betroffenen Firmen entstehen durch ein Versagen der Führungskräfte bei der Mobbingverhütung immense Kosten. Kosten, die sich heutzutage eigentlich keine Firma leisten kann.

Umso unverständlicher ist deshalb, dass es Arbeitgeber geben soll, die Mobbing als Instrument zum Personalabbau benutzen. Diese Rechnung kann nicht aufgehen: Die Einsparungen bei den Personalkosten dürften den mit Mobbing verbundenen Produktivitätsverlust bei weitem nicht wettmachen.

Prävention: geeignete Massnahmen im Betrieb

Unternehmen können verschiedene Massnahmen ergreifen, um das Entstehen von Mobbing zu verhindern. Prävention heisst in diesem Zusammenhang vor allem, die betrieblichen Rahmenbedingungen so zu gestalten, dass die Zusammenarbeit der Mitarbeitenden möglichst frei von Konflikten, Stress und Angst stattfinden kann.

Wo Angestellte unter steigendem Druck und mit der Furcht vor Stellenverlust im Nacken immer mehr und immer anspruchsvollere Arbeit verrichten müssen, mag vielleicht kurzfristig die Leistung des Einzelnen steigen. Längerfristig leiden jedoch die Motivation, die Kreativität, die Freude an der Arbeit und nicht zuletzt auch die Identifikation mit den Zielen der Firma.

Mögliche Folgen solcher Entwicklungen sind Burnout, innere Kündigung, Spannungen und Rivalitäten. Übertriebenes Konkurrenzdenken wiederum schadet dem Teamgeist und fördert so Mobbing und Verdrängungskämpfe, aber auch Fehlhandlungen sowie vermehrte krankheitsbedingte Absenzen. Verschiedene Untersuchungen haben erwiesen, dass Mobbingbetroffene unter besonders schlechten Bedingungen arbeiten: hohe Belastung, wenig Handlungsspielraum, wenig soziale Unterstützung.

Überprüfen der Arbeitsorganisation

Für ein Unternehmen lohnt es sich daher, die Arbeitsorganisation auf Mobbing fördernde Elemente hin zu überprüfen. Folgende Faktoren sind geeignet, Mobbingprozesse zu begünstigen:

- diffuse oder ständig ändernde Ziele
- mangelhafte oder unvollständige Information der Mitarbeitenden
- unklare Verantwortlichkeiten und Kompetenzverteilung
- unklare Arbeitsteilung, Überschneidung von Aufgabenbereichen
- autoritärer Führungsstil, ausgeprägtes hierarchisches Denken
- eingeschränkte Mitwirkungsrechte der Mitarbeitenden, übertriebene Kontrolle, wenig Eigenverantwortung
- Dulden von informellen Seilschaften, «grauen Eminenzen», Absprachen hinter den Kulissen und ähnlichem intrigantem Verhalten.

Erfassen der Mitarbeiterzufriedenheit

Zufriedene Mitarbeiterinnen und Mitarbeiter mobben nicht. Funktionierende Abteilungen, in denen alle an einem Strick ziehen, richten ihre Energie auf die Erfüllung ihrer Aufgaben, anstatt sie in internen Querelen zu verpulvern. Zufriedene Mitarbeiter sind auch gesünder und weisen dadurch weniger Krankheitsabsenzen auf. Schon aus wirtschaftlichen Gründen lohnt es sich daher, das Betriebsklima und die Mitarbeiterzufriedenheit im Auge zu behalten und eine Atmosphäre des Vertrauens und der Solidarität zu schaffen, die destruktive Konfliktmechanismen gar nicht erst entstehen lässt.

Befragungen und «Meckerbriefkasten»

Der regelmässige Dialog mit den Angestellten, eine offene, angstfreie Gesprächskultur und ein transparenter Informationsfluss ermöglichen es, allfällige Konflikte frühzeitig zu erkennen und anzugehen. Durch standardisierte Befragungen mittels Fragebögen und die regelmässige Auswertung von institutionalisierten Mitarbeitergesprächen kann die Stimmung im Betrieb und die allgemeine Zufriedenheit der Angestellten erfasst werden.

Sinnvoll ist auch die Einrichtung eines «Meckerbriefkastens», wo die Angestellten Anregungen, Kritik oder Ärger deponieren können. Wichtig dabei ist, dass die Mitarbeitenden ihre Bemerkungen zum Arbeitsklima von Zeit zu Zeit auch in anonymen Befragungen äussern können. Nur so sind wirklich ehrliche Rückmeldungen zu erwarten.

Hinweis *Mit dem Einholen der Meinung der Angestellten ist es allerdings nicht getan. Kritische Feedbacks müssen geeignete Massnahmen zur Verbesserung der Situation nach sich ziehen, und dies innert nützlicher Frist. Sonst fühlen sich Mitarbeiterinnen und Mitarbeiter zu Recht von den Vorgesetzten nicht ernst genommen.*

Ein besonderes Augenmerk müssen Vorgesetzte auf Abteilungen mit überdurchschnittlicher Personalfluktuation und erhöhten krankheitsbedingten Absenzen richten. Mobbing kann eine mögliche Ursache für derartige Entwicklungen sein. Es empfiehlt sich deshalb, häufig kranke Personen speziell zu befragen und ihre Probleme ernst zu nehmen. Auch Austrittsgespräche, in denen unter anderem den Kündigungsgründen nachgegangen wird, können wertvollen Aufschluss über das Betriebsklima geben.

Schulung der Führungskräfte

Mobbing wird häufig immer noch als Modethema abgetan oder gar belächelt. Da Vorgesetzten eine Schlüsselposition bei der Vermeidung von Mobbing zukommt, ist es dringend nötig, sie für diese Problematik zu sensibilisieren. Wie gut oder wie schlecht sie mit ihren Mitarbeiterinnen und Mitarbeitern kommunizieren und auch auf Spannungen reagieren können, ist für das Betriebsklima von entscheidender Bedeutung.

Führungspersonen sollten durch entsprechende Weiterbildung in die Lage versetzt werden, Konflikte und Mobbinghandlungen im Team frühzeitig zu erkennen und sinnvoll einzugreifen. Der Umgang mit Mobbing muss auch in den allgemeinen Führungsgrundsätzen einer Unternehmung thematisiert werden. Denn ein moderner Gesundheitsschutz im Betrieb umfasst nicht nur technische und ergonomische Aspekte, sondern auch den Schutz vor psychosozialen Belastungen.

Tipp *Auf folgenden Websites finden Unternehmen, die sich in der betrieblichen Gesundheitsförderung vermehrt engagieren möchten, weiterführende Informationen: www.svbgf.ch; www.kmu-vital.ch; www.arbeitsmedizin.ch.*

Erarbeiten eines schriftlichen Leitbilds

Im Betrieb sollte ein allgemeiner Konsens darüber herrschen, dass man auf allen Ebenen und unabhängig von der hierarchischen Position fair, respektvoll und auf der Grundlage gegenseitiger Wertschätzung miteinander umgeht. Eine entsprechende Grundsatzerklärung wird am besten in einer speziellen Betriebsvereinbarung gegen Mobbing, sexuelle Belästigung und Diskriminierung festgehalten.

Allen Mitarbeitenden sollte klar sein, was Mobbing ist und dass der Betrieb derartige Handlungen – wie auch sexuelle Belästigung und Diskriminierungen aller Art – nicht duldet. Allen bekannt müssen auch die Konsequenzen sein, die allfällige Täterinnen und Täter zu erwarten haben. Die Betroffenen wiederum müssen wissen, wo sie gegebenenfalls Hilfe holen können und wie ein internes Beschwerdeverfahren abläuft.

Den Vorgesetzten bietet eine solche Vereinbarung Orientierung und gibt ihnen die nötige Legitimation, mit Nachdruck einzugreifen, wenn gewisse Vorkommnisse Mobbing befürchten lassen. Eine Umfrage bei verschiedenen grösseren Firmen und kantonalen Verwaltungen hat ergeben, dass bereits einige Betriebe, aber längst nicht alle, über derartige Betriebsvereinbarungen verfügen.

Hinweis *Gewisse Verhaltensregeln können auch Teil des Arbeitsvertrages sein. Damit kennen alle Mitarbeitenden die Regeln gleich vom Stellenantritt an, und verpflichten sich mit ihrer Unterschrift, sie während der Anstellungsdauer einzuhalten.*

Information der Mitarbeitenden

Papier ist geduldig, und so manche gut gemeinte Grundsatzerklärung schlummert unbeachtet in irgendwelchen Schubladen. Damit ein Leitbild oder Reglement nicht zur Alibiübung verkommt, müssen Vorgesetzte die Botschaft auf nachhaltige Weise unter die Belegschaft bringen. Eine allgemeine Aufklärungskampagne ist ein probates Mittel, um das Bewusstsein der Mitarbeitenden zu wecken und Mobbing vorzubeugen. Dazu gibt es verschiedene Möglichkeiten:

- Artikel in der Personalzeitung oder im Intranet

- Informationsveranstaltungen, Vorträge externer Fachleute, Videos über Mobbing mit anschliessender Diskussion
- Verteilen von Broschüren, Aufhängen von Postern
- Aufklärung über Rechte und Pflichten am Arbeitsplatz, insbesondere Treuepflicht des Arbeitnehmers und Fürsorgepflicht des Arbeitgebers, Gesundheitsschutz
- Thematisierung des Problems an ordentlichen Sitzungen
- Workshops mit Erfahrungsaustausch unter den Teilnehmenden

Schaffen von Anlaufstellen

Die Mitarbeiterinnen und Mitarbeiter eines Unternehmens sollten wissen, an wen sie sich wenden können, wenn sie sich belästigt oder schikaniert fühlen und Gespräche mit dem direkten Vorgesetzten keine Lösung bringen. Im Idealfall stehen mindestens ein Mann und eine Frau, welche die nötige Fachkompetenz besitzen, als Ansprechpersonen zur Verfügung. Dabei müssen Gespräche möglich sein, die absolut vertraulich behandelt werden und nicht gleich Eingang in die Personalakte finden. Die Ansprechpartner haben vor allem folgende Aufgaben:

- Zuhören, Verständnis zeigen und damit Vertrauen schaffen, ohne gleich Partei zu ergreifen
- rechtliche und psychologische Beratung, im Sinne einer ersten Hilfe
- Gespräche mit den Beteiligten und ihren Vorgesetzten initiieren und begleiten
- Schlichten, vermitteln und Lösungsvorschläge erarbeiten
- Massnahmen zum Schutz des Opfers anregen: organisatorische Massnahmen, Gewährleistung ärztlicher oder psychotherapeutischer Hilfe

Es gibt Firmen, die diese Aufgabe externen Beratungsfirmen oder Psychologen übertragen. Dies hat den Vorteil, dass die Unvoreingenommenheit der Ansprechpartner garantiert ist. In einigen Firmen haben die Mitarbeitenden auch die Wahl, ob sie sich an den internen Sozialdienst oder eine externe Institution wenden wollen. Entscheidend ist, dass es sich um Anlaufstellen handelt, die offiziell von der Firma beauftragt worden sind und aufgrund ihrer Fachkompetenz wissen, was zu tun ist.

Mehrere Firmen – eine Anlaufstelle

Die Akzeptanz einer Anlaufstelle steht und fällt mit ihrer Unabhängigkeit und Neutralität. Die Fachleute der Basler Beratungsstelle «help», Christian Pfäffli und Lucien Schoppig, stellen fest, dass sich immer wieder Ratsuchende bei ihnen melden, deren Arbeitgeber sehr wohl über einen Sozialdienst verfügen, der auch bei Mobbing angerufen werden kann. Doch die Angst der Angestellten, dass ihr Anliegen nicht wirklich vertraulich behandelt wird, ist oft zu gross. Die Berater von «help» empfehlen daher, dass sich mehrere Firmen zusammenschliessen, um gemeinsam eine externe Anlaufstelle zu beauftragen. «Diese Anlaufstelle sollte pauschal bezahlt werden und nicht pro Fall», so Pfäffli. «Es ist wichtig, dass sich die Leute auch mal beraten lassen können, ohne dass der Arbeitgeber davon erfährt.»

Eingreifen: Probleme früh ansprechen

Nicht weg- oder zuschauen, sondern eingreifen und die Probleme zur Sprache bringen – so heisst die Devise, wenn sich Konflikte und Spannungen im Team abzeichnen. Fachleute sind der Meinung, dass Vorgesetzte bei einer ersten Erörterung von Mobbinghandlungen nicht auf der Täter-Opfer-Schiene operieren sollten. Sie raten vielmehr zu einer grundsätzlich nicht strafenden, auf gegenseitige Verständigung ausgerichteten Haltung gegenüber den vermuteten Übeltätern. Denn selbst Mobber würden im Grunde genommen Mobbing nicht befürworten, hält zum Beispiel die Europäische Agentur für Sicherheit und Gesundheitsschutz am Arbeitsplatz auf ihrer Website fest. «In einer nicht auf Sanktionen ausgerichteten Gesprächsatmosphäre lässt sich diese gleichfalls ablehnende Einstellung zum Mobbing bei den Mobbern einfacher zu Tage fördern.»

Wenn alle Beteiligten die Möglichkeit erhalten, zunächst einzeln, später auch im gemeinsamen Gespräch ihre Sicht der Dinge darzulegen und Probleme offen zu besprechen, lässt sich am ehesten eine weitere Eskalation und Verhärtung der Positionen vermeiden. Dabei muss der Vorgesetzte aber durchaus zum Ausdruck bringen, dass gewisse Verhaltensweisen unerwünscht sind und in Zukunft nicht mehr geduldet werden.

Wenn auf Versöhnung ausgerichtete Schlichtungsversuche keine Wirkung zeigen, kommt der Vorgesetzte natürlich nicht darum herum, mobbende Untergebene energisch in die Schranken zu weisen und ihnen auch die möglichen Konsequenzen ihres Verhaltens aufzuzeigen. Mobbing kann in schweren Fällen durchaus ein Grund für eine Kündigung oder gar fristlose Entlassung sein (siehe Seite 140).

Professionelle Berater beiziehen

Wenn Konflikte zu gravierend oder zu komplex sind, oder wenn der Vorgesetzte selbst zu tief involviert ist, empfiehlt es sich, externe Beratung zu holen – zum Beispiel in Form von Supervision oder Teamcoaching – oder mit Hilfe von Mediation ein eigentliches Schlichtungsverfahren durchzuführen (siehe Seite 109). Manchmal genügt es auch, eine unbelastete Drittperson als Gesprächsleiter hinzuzuziehen.

Das Vorgehen des externen Beraters oder der Beraterin hängt von der konkreten Situation ab. Zunächst wird es darum gehen, die Ursachen für den Konflikt zu finden und auch unbewusste Vorgänge und Verhaltensweisen bewusst zu machen, zum Beispiel unterschiedliche Erwartungen, Wertvorstellungen, verborgene Ängste, Rivalitäten, Führungsmängel etc. Ziel der Beratung ist es, eine Vertrauensbasis zu schaffen, Mobbingprozesse zu analysieren und die Kommunikation unter den Konfliktparteien wieder herzustellen. Dank ihrer unbeeinflussten Sicht von aussen hat die Beratungsperson die Möglichkeit, Dinge anzusprechen und firmeninterne Tabus anzukratzen, welche von den Beteiligten kaum mehr wahrgenommen werden oder die niemand anzutasten wagt. Für die Zukunft gilt es dann, die Regeln der Zusammenarbeit im Team zu überprüfen und neu zu definieren.

Sorgfalt bei der Auswahl

Zwischen der Beratungsperson und den Konfliktparteien muss die Chemie stimmen. Es ist daher wichtig, dass man sich vor Erteilung des Auftrags kennen lernt und die Probleme und Erwartungen miteinander bespricht. Der Berater sollte jedoch nicht schon vor der Kontaktaufnahme einer der am Konflikt beteiligten Personen persönlich bekannt sein. Auch sollte nicht der in den Konflikt verstrickte Vorgesetzte den Auftrag erteilen und allfällige Vorgespräche mit dem Berater führen, sondern eine neutrale Stelle, beispielsweise der Sozialdienst oder die Personalchefin. Nur so ist die Unvoreingenommenheit der Beratungsperson wirklich gewährleistet.

Tipp *Geeignete Personen für die Beratung findet man am besten über die Berufsverbände, die Mitgliederlisten führen. Der Berater oder die Beraterin sollte über eine anerkannte Fachausbildung wie auch über praktische (Führungs-)Erfahrung und ein gutes Allgemeinwissen verfügen. Es empfiehlt sich, Referenzen einzuholen. Weiterführende Informationen finden Sie unter: Berufsverband für Supervision, Organisationsberatung und Coaching: www.bso.ch; Schweizerische Vereinigung der Unternehmensberater: www.asco.ch; Föderation der Schweizer Psychologinnen und Psychologen FSP: www.psychologie.ch.*

Vom Umgang mit Mobbingopfern

Mobbing hat verheerende Auswirkungen auf die betroffenen Personen. Vorgesetzte, welche mit Untergebenen zu tun haben, die unter Mobbing leiden, müssen sich bewusst sein, dass diese Personen schwere Kränkungen und Verletzungen erlebt haben. Manche sind geradezu beherrscht von ihren Erlebnissen und können an gar nichts anderes mehr denken.

Mobbingopfer verhalten und äussern sich mitunter auf eine Weise, die bei anderen Kopfschütteln und Abwehr hervorruft. Sie können sehr anspruchsvoll sein, sogar aggressiv werden und auf jedes Anzeichen von Zweifel sehr empfindlich reagieren. Vorgesetzte müssen daher aufpassen, dass sie nicht der Versuchung erliegen, Mobbingopfer von vornherein als schwierige Menschen abzustempeln, die sich ihre Probleme weitgehend selbst zuzuschreiben haben.

Zuhören, ernst nehmen, reagieren

Allzu viele Chefs reagieren auf Mobbingbeschwerden denn auch in ungeeigneter Form: entweder mit Abwehr und offener Feindseligkeit oder dann mit gut gemeinten, aber nutzlosen Beschwichtigungsversuchen, die dem Opfer nur den definitiven Beweis liefern, dass es letztlich allein

Tipps für Führungskräfte

Wie beugen Sie in Ihrer Abteilung, Ihrem Betrieb Mobbing wirksam vor? Und wie verhalten Sie sich, wenn Spannungen im Team zu Konflikten und Mobbinghandlungen führen? Hier die wichtigsten Tipps.

- Achten Sie auf gründliche Einarbeitung neuer Mitarbeiterinnen und Mitarbeiter, und stellen Sie ihnen einen Ansprechpartner, einen «Götti», zur Verfügung. Er soll helfen, das neue Teammitglied möglichst rasch zu integrieren.
- Sorgen Sie für eine offene Gesprächskultur. Ihre Untergebenen müssen wissen, dass Ihre Tür offen ist, dass sie Probleme ansprechen können und allfällige kritische Äusserungen keine negativen Konsequenzen haben.
- Formulieren Sie Ihre Erwartungen an die Untergebenen klar und unmissverständlich. Informieren Sie Ihre Untergebenen so früh und so offen wie möglich über anstehende Änderungen oder betriebsinterne Massnahmen und deren Konsequenzen. Unsicherheit, Ängste, Gerüchte sind ein «idealer» Nährboden für Mobbing.
- Fragen Sie bei Qualifikationsgesprächen auch nach dem Wohlbefinden der Mitarbeitenden und ihrer allgemeinen Zufriedenheit.
- Äussern Sie berechtigte Kritik an einem Mitarbeiter immer unter vier Augen und nicht vor versammelter Mannschaft.
- Sprechen Sie die Mitarbeitenden bei Anzeichen von Spannungen direkt darauf an. Zum Beispiel: «Ich habe in letzter Zeit den Eindruck, dass Sie mit Herrn X nicht besonders gut auskommen. Wie sehen Sie das?»
- Nehmen Sie Klagen wegen Mobbing, sexueller Belästigung oder anderen Schikanen in Ihrem Team ernst. Sorgen Sie für eine unparteiische Untersuchung der Vorwürfe und für ausführliche Gespräche mit den Beteiligten.
- Machen Sie klar, dass Sie Mobbing nicht dulden und konsequent gegen derartige Machenschaften vorgehen werden.
- Treffen Sie Massnahmen, um Mobbingopfer vor weiterer Blossstellung und Vergeltung zu schützen, etwa räumliche Trennung oder Versetzung.
- Lassen Sie die an Mobbing Beteiligten, Opfer wie Täter, aktiv bei der Suche nach möglichen Lösungen mitarbeiten. Sprechen Sie nicht über die Beteiligten, sondern mit den Beteiligten.
- Seien Sie ehrlich mit sich selbst, wenn es Ihnen nicht gelingt, einen Konflikt zu lösen oder wenn Sie selbst daran beteiligt sind. Ziehen Sie eine (interne oder externe) Fachperson bei.
- Wenn jemand kündigt, nehmen Sie sich Zeit für ein Austrittsgespräch. Ermuntern Sie scheidende Personen, offen zu sprechen: Wie haben sie das Betriebsklima erlebt? Welche Probleme haben allenfalls zur Kündigung geführt?

dasteht. Was ein Mobbingopfer von seinem Vorgesetzten braucht, ist die Bereitschaft, ihm zuzuhören, es ernst zu nehmen, den Problemen unvoreingenommen auf den Grund zu gehen und möglichst rasch Massnahmen einzuleiten, damit sich die Situation nicht noch weiter verschlimmert.

Entschuldigung und Wiedergutmachung

Wenn die internen Abklärungen und Gespräche ergeben, dass tatsächlich Mobbing vorliegt, ist es sehr wichtig, dass die betroffene Person rehabilitiert wird. Mobbingopfer brauchen das Eingeständnis von aussen, dass ihnen Unrecht geschehen ist, dass sie nicht einfach «selber schuld» sind und sich auch nicht alles nur eingebildet haben. Eine Entschuldigung und eine ernst gemeinte Wiedergutmachung sind für die psychische Gesundung von Mobbingopfern weit wertvoller als eine widerwillig, quasi als Schweigegeld, gewährte Abfindung oder die vor Gericht erstrittene Entschädigung wegen missbräuchlicher Kündigung.

Unterstützung für Vorgesetzte

Eine Führungsfunktion wahrzunehmen, ist eine anspruchsvolle Aufgabe. Wer ein guter Chef, eine gute Vorgesetzte sein will, darf nicht vergessen, sich immer wieder auch mit sich selber auseinander zu setzen, mit der eigenen Rolle, den eigenen Vorstellungen und nicht zuletzt eigenen Unsicherheiten. Tragen Sie sich Sorge, holen Sie sich selber Unterstützung, wenn sich Ihnen Fragen stellen, die nicht einfach zu beantworten sind – gerade auch im Umgang mit dem Thema Mobbing. Ein Coaching kann Ihnen helfen, in Mobbingsituationen klar zu sehen und das Richtige zu tun.

9. Mobbing in der Gerichtspraxis

Wegweisende Gerichtsurteile, die sich zum Thema Mobbing äussern, gibt es noch nicht viele. Nur in Ausnahmefällen wurden bisher Mobbingopfern namhafte Entschädigungen zugesprochen, in der Romandie eher als in der Deutschschweiz. Auf den folgenden Seiten finden Sie einen Überblick.

Spärliche Gerichtspraxis – ausführlich kommentiert

Mobbing ist keine neue Erscheinung. Dass die Problematik aber erst in den letzten Jahren vermehrt ins Bewusstsein der Öffentlichkeit drang, ist einer der Gründe, weshalb bisher erst wenige Gerichtsurteile existieren, die sich mit Mobbing auseinander setzen. Im Weiteren darf man nicht vergessen, dass sich Arbeitnehmerinnen und Arbeitnehmer, die an ihrem Arbeitsplatz gemobbt werden, durchwegs in einer schwachen Position befinden und daher oft vor einer gerichtlichen Auseinandersetzung zurückschrecken:

- Es gibt kein Gesetz, das Mobbing explizit verbietet und auf das sich auch juristische Laien ohne weiteres berufen können (siehe Kapitel 4). Betroffene Personen brauchen schon einiges an juristischem Knowhow, um zu erkennen, auf welche gesetzlichen Bestimmungen sie sich abstützen können.
- In der Schweiz existiert kein wirksamer Kündigungsschutz. Angestellte, die sich zur Wehr setzen, riskieren somit immer ihren Arbeitsplatz, selbst dann, wenn die Kündigung eindeutig missbräuchlich sein sollte (siehe Seite 137). Eine Möglichkeit, auf Erhaltung des Arbeitsplatzes zu klagen, gibt es hierzulande nicht. Angesichts der Tatsache, dass ihr die Gerichte auch im besten Fall nur einen (meist relativ geringen) Geldbetrag zusprechen werden, wird sich eine gemobbte Person daher stets fragen müssen, ob sich eine Klage lohnt.
- Mobbing lässt sich nur sehr schwer beweisen. Kein Wunder, werden Klagen von Mobbingopfern häufig mit der Begründung abgewiesen, die Mobbingvorwürfe liessen sich nicht belegen.

Nicht zuletzt wirkt sich das für Arbeitsverhältnisse typische Machtgefälle im Fall von Mobbing besonders deutlich aus: Ein psychisch und gesundheitlich angeschlagener, finanziell schwacher, in seiner Existenz bedrohter Angestellter muss sich gegenüber einem Unternehmen zur Wehr setzen, das sich teure Anwälte leisten kann oder vielleicht sogar über eine eigene Rechtsabteilung verfügt. Viele Mobbingopfer verzichten daher auf eine rechtliche Auseinandersetzung, weil ihnen ganz einfach die Kraft fehlt, diese weitere Belastung durchzustehen.

Auffallend ist, dass in der Rechtsprechung zum Thema Mobbing ein klarer Röstigraben feststellbar ist. Die meisten Urteile, in denen gemobbten Personen nennenswerte Entschädigungen zugesprochen wurden, stammen aus der Westschweiz. Dies mag damit zusammenhängen, dass die Mobbing-Problematik in der Romandie schon viel länger im Bewusstsein der Öffentlichkeit verankert ist und betroffene Arbeitnehmerinnen und Arbeitnehmer daher eher wagen, sich gegen Schikanen am Arbeitsplatz zu wehren.

Das soll nicht heissen, dass Mobbingprozesse in der Deutschschweiz von vornherein aussichtslos sind. Eine sorgfältige Abklärung der Rechtslage durch eine Fachperson ist jedoch unerlässlich. Wann es sich lohnt, den Schritt vor den Richter zu wagen, können Sie dem Kapitel «Mobbing und Recht» entnehmen. Beachten Sie insbesondere auch den Kasten «Prozessieren – lohnt sich das?» (siehe Seite 70).

Tipp

Die auf den folgenden Seiten zitierten Bundesgerichtsentscheide können Sie im Internet unter folgender Adresse in vollem Wortlaut nachlesen: www.bger.ch → Rechtsprechung.

Eine umfangreiche Sammlung von Gerichtsentscheiden im Zusammenhang mit Verstössen gegen das Gleichstellungsgesetz, insbesondere auch Fälle von sexueller Belästigung, ist im Internet zu finden unter: www.gleichstellungsgesetz.ch.

Urteile des Bundesgerichts

Anmeldung beim Psychiater ist nicht persönlichkeitsverletzend

Die Klägerin arbeitete ab März 1985 als Sachbearbeiterin in einer Firma. Am 28. Oktober 1993 erhielt sie die Kündigung auf Ende Januar 1994. Wegen Krankheit verlängerte sich die Kündigungsfrist bis Ende Februar. Die Klägerin akzeptierte die Kündigung nicht. Sie reichte Klage beim Amtsgericht Luzern-Stadt ein und forderte eine Entschädigung wegen miss-

bräuchlicher Kündigung sowie Genugtuung und Schadenersatz. Sie machte geltend, ihre Entlassung sei der Höhepunkt und Abschluss eines ausgeklügelten Mobbing-Plans ihrer Vorgesetzten und einiger Mitarbeiter gewesen. Sie sei zurückgesetzt, systematisch gemieden und einem Psychoterror ausgesetzt worden. Ausserdem habe ihr Arbeitgeber sie in ihrer Persönlichkeit schwer verletzt, indem er sie anlässlich ihrer Erkrankung im Februar 1993 beim Psychiater angemeldet und angewiesen habe, sich begutachten zu lassen.

Die gerichtliche Beurteilung

Das Amtsgericht Luzern-Stadt sprach der entlassenen Mitarbeiterin einen Betrag von 27 880 Franken zu. Doch das Obergericht des Kantons Luzern hob den Entscheid auf, und auch das Bundesgericht wies die Berufung der Klägerin ab. Ein systematisches Mobbing sei nicht erwiesen. Vielmehr sei die Kündigung ausgesprochen worden, weil die Klägerin sich nicht an Weisungen gehalten und sich im Umgang mit Vorgesetzten und Mitarbeitern als unverträglich erwiesen habe. Sie habe die Beförderung einer Mitarbeiterin nicht verkraftet.

Auch eine Genugtuung wegen Persönlichkeitsverletzung lehnte das Bundesgericht ab. Die Aufforderung an die krankheitsabwesende Klägerin, sich einer vertrauensärztlichen Untersuchung zu unterziehen, könne grundsätzlich nicht als Persönlichkeitsverletzung qualifiziert werden, auch wenn ein Psychiater mit der Begutachtung beauftragt wurde. «Die Tatsache allein, dass eine Person psychiatrischer Hilfe bedarf, setzt sie in ihrem Ansehen als Person nicht herab», betonte das Gericht. «Dass die Klägerin an einen Spezialarzt der Psychiatrie und nicht an einen anderweitig praktizierenden Arzt verwiesen wurde, kann nicht als schwere Beeinträchtigung der Persönlichkeit gelten.» Somit entfalle der Anspruch auf Genugtuung. Immerhin bezeichnete das Bundesgericht die Reaktion des Arbeitgebers – die Mitarbeiterin hatte ein von ihrer Frauenärztin ausgestelltes Arbeitsunfähigkeitszeugnis beigebracht – «als unangemessen.» Sie werfe «ein eigenartiges Licht auf das Betriebsklima» der Firma. Der entlassenen Angestellten nützte dies jedoch nichts. Sie ging leer aus.

In diesem Entscheid stellte das Bundesgericht einige grundsätzliche Überlegungen zum Thema Mobbing und Kündigung an. Es hielt fest, dass die Tatsache allein, dass eine gekündigte Person gemobbt wurde, noch nicht bedeute, dass die Kündigung missbräuchlich sei. «Denkbar ist in diesem Zusammenhang allerdings» – so das Bundesgericht – «dass eine Kündigung etwa dann missbräuchlich sein kann, wenn sie wegen einer Leistungseinbusse des Arbeitnehmers ausgesprochen wird, die sich ihrerseits als Folge des Mobbing erweist (...) Der Arbeitgeber, der Mobbing nicht verhindert, verletzt seine Fürsorgepflicht (Art. 328 OR). Er kann daher die Kündigung nicht mit den Folgen seiner eigenen Vertragsverletzung rechtfertigen.»

BGE 125 III 70, vom 13. Oktober 1998

Entschädigung wegen sexueller Belästigung

Die Klägerin wurde am 1. Juli 1992 als Sekretärin in einem Genfer Unternehmen angestellt und Ende 1994 zur Unternehmensberaterin befördert. Gestützt auf das Gleichstellungsgesetz, verlangte sie 1996 eine Lohnerhöhung, welche ihr aber verweigert wurde. Im September 1997 warf ihr die Direktion eine negative Haltung und mangelnde Kooperation vor, da sie die Rezeptionistin während ihrer Ferien nicht habe vertreten wollen. Daraufhin beschwerte sich die Klägerin beim Verwaltungsratspräsidenten, sie werde vom Direktor gemobbt und sexuell belästigt. Sie wandte sich mit diesen Vorwürfen auch an das kantonale Arbeitsinspektorat. Der Verwaltungsratspräsident versprach ihr eine Untersuchung. Zwei Tage später tauschte die Klägerin am Arbeitsplatz mit zwei Kolleginnen E-Mails mit vulgärem Inhalt aus. Als der Arbeitgeber davon erfuhr, kündigte er ihr.

Die gerichtliche Beurteilung

Eine Klage der gekündigten Arbeitnehmerin wegen sexueller Belästigung und Mobbing wurde sowohl vom Arbeitsgericht wie auch vom Kantonsgericht abgewiesen. Das Kantonsgericht hielt sinngemäss fest, das Verhalten sowie die verbalen Äusserungen des Direktors seien zwar unkorrekt gewesen, die Klägerin habe in ihren Mails jedoch ähnliche Ausdrücke verwendet. Das Bundesgericht hob diesen Entscheid auf und sprach der Klägerin eine Entschädigung von 4988 Franken zu (entspricht einem Durchschnittsmonatslohn), gestützt auf Artikel 5 des Gleichstellungsgesetzes.

Das Bundesgericht betonte in seinem Entscheid, dass der Arbeitgeber aufgrund des Gleichstellungsgesetzes verpflichtet sei, angemessene Massnahmen zu treffen, um Arbeitnehmerinnen vor sexueller Belästigung zu schützen. Tue er dies nicht, könne er zu einer Entschädigung verurteilt werden. Im vorliegenden Fall habe der Verwaltungsratspräsident nichts unternommen, um die Belästigungen zu unterbinden. Dass die Klägerin mit ihren hierarchisch gleichstellten Kolleginnen vulgäre Mails ausgetauscht habe, sei keine Rechtfertigung für den Direktor, grobe, sexistische und peinliche Bemerkungen zu machen, denn hier gehe es um das Verhalten eines Vorgesetzten gegenüber seinen Untergebenen.

BGE 126 III 395, vom 4. Juli 2000

Pflicht des Arbeitgebers, Konflikte zu entschärfen

Die Klägerin, eine Krankenschwester, arbeitete mit Unterbrüchen ab 1983 in einer Klinik. Am 1. August 1991 kam eine neue Mitarbeiterin ins Team, mit der die Klägerin sofort in Konflikt geriet. «Die beiden Personen waren nicht dazu bestimmt, einander zu mögen, und liessen sich gegenseitig nichts durchgehen», ist im späteren Bundesgerichtsurteil nachzulesen. Ausserdem gab es auch Spannungen zwischen der Klägerin, die eine starke Persönlichkeit war, und anderen Teammitgliedern.

Am 28. Oktober 1996 wurde die Klägerin schriftlich verwarnt: Ihre Integration ins Team müsse verbessert werden, und sie müsse lernen, Weisungen und Kritik zu akzeptieren. Ausserdem solle sie sich in Zukunft besser beherrschen und ihren Gesprächspartnern Respekt entgegenbringen. Im weiteren Verlauf begann die Klägerin unter Stresssymptomen und Depressionen zu leiden und suchte deswegen auch Anfang 1997 einen Arzt auf.

Nach einer heftigen Auseinandersetzung mit der verfeindeten Kollegin verlangte die Klägerin eine Aussprache mit der Kontrahentin und den Vorgesetzten. Dieses Gespräch fand aber nie statt. Am 20. März 1997 erhielt der Direktor der Klinik einen Brief, unterschrieben von fünf Krankenschwestern, die sich über die Klägerin beschwerten und ihr die Schuld an unlösbaren Schwierigkeiten im Team gaben. Daraufhin wurde der Klägerin auf Ende Juni 1997 gekündigt. Die schriftliche Kündigungsbegründung enthielt einen ganzen Katalog von Vorwürfen, welche die Arbeitsweise und das Verhalten der Klägerin betrafen.

Die gerichtliche Beurteilung

Die Klägerin protestierte gegen die Kündigung und erhob Klage beim Kantonsgericht wegen missbräuchlicher Kündigung. Im Dezember 2001 musste sich als letzte Instanz das Bundesgericht mit dem Fall befassen. Es entschied, dass die gegen die Krankenschwester ausgesprochene Kündigung rechtsmissbräuchlich sei und verurteilte die Arbeitgeberin zu einer Entschädigung von 15 000 Franken und einer Genugtuung in Höhe von 5000 Franken.

Das Bundesgericht hielt fest, dass der Arbeitgeber es unterlassen habe, der starken Persönlichkeit der gekündigten Krankenschwester genügend Rechnung zu tragen. Die ausgesprochene Kündigung müsse als rechtsmissbräuchlich betrachtet werden, weil sie wegen Eigenschaften der Arbeitnehmerin ausgesprochen worden sei, welche dieser kraft ihrer Persönlichkeit zustünden. Der Arbeitgeber sei zudem verpflichtet, bei einem derartigen Konflikt angemessene Massnahmen zu treffen, um die Situation zu entschärfen. Diese Pflicht ergebe sich aus Art. 328 OR, wonach der Arbeitgeber die Persönlichkeit des Arbeitnehmers achten und schützen müsse. Solche Schlichtungsversuche habe der Arbeitgeber aber nicht unternommen. Es habe zwar Gespräche gegeben, aber immer nur mit der Klägerin. Die von der Klägerin gewünschte Aussprache zwischen den Konfliktparteien habe nie stattgefunden. Auch die schriftliche Verwarnung der Klägerin sei kein passendes Mittel gewesen, um die Situation zu bereinigen. Erstens sei sie zu spät erfolgt, und zweitens hätte auch die andere Mitarbeiterin verwarnt werden müssen.

BGE 4C.253/2001, vom 18. Dezember 2001

Schadenersatz bei Arbeitsunfähigkeit infolge von Mobbing

Eine Sozialarbeiterin trat 1992 eine 50-Prozent-Stelle beim Kanton Waadt an. 1996 wurde sie versetzt und einer Vorgesetzten unterstellt, mit der sie sich von Anfang an nicht verstand. Ihr wiederholtes Ersuchen um Erhöhung der Stellenprozente wurde jeweils abgelehnt. Die Beziehung zwischen der Sozialarbeiterin und ihrer Vorgesetzten verschlechterte sich immer mehr. Als sich die Sozialarbeiterin über Mobbing beklagte, leitete das zuständige Amt eine interne Untersuchung ein. 1998 wurde die So-

zialarbeiterin in Bezug auf ihre damalige Arbeitsstelle arbeitsunfähig geschrieben.

1999 bestätigte die Untersuchungskommission, dass die Sozialarbeiterin das Opfer eines massiven Mobbings seitens ihrer Gruppenchefin geworden war. Im Untersuchungsbericht ist unter anderem die Rede von dauernder beruflicher Disqualifizierung, wiederholtem Machtmissbrauch und schwerer Demütigung. Die Angestellte sei einer ständigen Verschlechterung ihrer Lebensbedingungen ausgesetzt gewesen, mit sinkendem Einkommen und ungewissen Zukunftsaussichten. Dadurch habe sich auch ihr Gesundheitszustand laufend verschlechtert. Die Sozialarbeiterin klagte auf finanzielle Wiedergutmachung.

Die gerichtliche Beurteilung

Der Fall landete schliesslich beim Bundesgericht, welches ausführliche Überlegungen zur Schadensberechnung bei mobbingbedingter Arbeitsunfähigkeit anstellte. Um eine Schadenersatzforderung geltend machen zu können, muss zunächst – so das Gericht sinngemäss – ein sicherer (nicht nur möglicher) finanzieller Schaden (im vorliegenden Fall eine Einkommenseinbusse) nachgewiesen werden, der entweder bereits existiert oder unvermeidbar entstehen wird. Lässt sich der genaue Schadensbetrag nicht belegen, kann der Richter gemäss Art. 42 OR den Betrag aufgrund der Umstände schätzen. Im Weiteren muss belegt werden, dass der Schaden tatsächlich durch das Mobbing verursacht wurde. Im Fall der Sozialarbeiterin war dies unbestritten, da sie entsprechende Arztzeugnisse vorweisen konnte.

Um die Einkommenseinbusse zu berechnen, ist zunächst das Einkommen zu ermitteln, das die Klägerin ohne Mobbing erzielt hätte. Zu berücksichtigen sind dabei auch wahrscheinliche berufliche Veränderungen, wie zum Beispiel Erhöhung des Beschäftigungsgrades und mögliche Beförderung. Davon ist das tatsächlich erzielte Einkommen abzuziehen. Im Fall der Sozialarbeiterin kam das Gericht zum Schluss, dass nicht erwiesen sei, dass die Klägerin ohne Mobbing befördert oder ihr Arbeitspensum erhöht worden wäre. Die Einkommenseinbusse fiel daher im vorliegenden Fall gering aus und der materielle Schadenersatz beschränkte sich weit gehend auf nicht bezahlte Überstunden.

Der Sozialarbeiterin wurde aber eine Genugtuung von 12 000 Franken zugesprochen. Berücksichtigt wurden dabei neben dem zwei Jahre dauernden Mobbing durch die Vorgesetzte eine viermonatige Arbeitsunfähigkeit, aber auch die Anstrengungen, die der Arbeitgeber unternommen hatte, um die Arbeitnehmerin zu rehabilitieren. Er hatte ihr zunächst ein Stage organisiert und schliesslich eine neue Stelle für sie geschaffen.

BGE 2C.2/2000, vom 4. April 2003

Mobbing und sexuelle Belästigung nicht nachgewiesen

Die Klägerin arbeitete seit 1991 als Journalistin in einer Sportredaktion. Es war ein kleines Team, und bis 1995 herrschte ein gutes Arbeitsklima. Da die Arbeit oft recht stressig war, herrschte allgemein ein etwas rauer, oft auch grober Umgangston. 1995 kam es zu einem Chefwechsel. Zu dieser Zeit verschlechterte sich die Beziehung zwischen der Journalistin und ihrem Arbeitgeber. Sie war sehr enttäuscht, dass sie nicht zur Ressortleiterin ernannt worden war, und beklagte sich, dass man ihr die interessanteste Arbeit weggenommen habe. Ihre Leistungen nahmen ab, sie isolierte sich zunehmend und zeigte quasi ständig ihre Unzufriedenheit.

Es kam zu Auseinandersetzungen zwischen dem Arbeitgeber und der Angestellten wegen der sich verschlechternden Leistung. Die Klägerin litt unter gesundheitlichen Problemen und war im Sommer 2000 mehrere Wochen vollständig arbeitsunfähig. Als sie am 28. August 2000 an ihren Arbeitsplatz zurückkehrte, erhielt sie die Kündigung und wurde für die Kündigungsfrist von der Arbeitsleistung freigestellt. Wegen andauernder Arbeitsunfähigkeit der Klägerin endete das Arbeitsverhältnis schlussendlich am 30. September 2001.

Die gerichtliche Beurteilung

Im März 2002 klagte die Journalistin beim Genfer Arbeitsgericht und forderte insgesamt eine Summe von gegen 600 000 Franken, welche sich aus Lohnausfall, Entschädigung für missbräuchliche Kündigung und Genugtuung wegen Mobbing und sexueller Belästigung zusammensetzte. Sowohl die unteren Instanzen wie auch das Bundesgericht wiesen die Klage vollumfänglich ab.

Zum Vorwurf der sexuellen Belästigung meinte das Bundesgericht, in der Arbeitgeberfirma habe seit Jahren ein rauer Umgangston geherrscht, ohne dass die Klägerin sich deswegen bei ihrem Arbeitgeber beklagt hätte. Wenn der Vorgesetzte die Klägerin in der «Hitze des Gefechts» als Idiotin bezeichnet habe, weil sie ein falsches Flugbillet bestellt habe, oder wenn der Chefredaktor bei bestimmten Gelegenheiten im abendlichen Stress die Artikel der Klägerin als «Mist» bezeichnet habe, dann sei dies zwar zu kritisieren. Diese Bemerkungen seien aber Ausdruck von Verärgerung über die schlechte Qualität ihrer Arbeit und kein Beweis für sexuelle Belästigung. Dass der Chef die Klägerin gelegentlich gebeten habe, ihm einen Kaffee zu machen, sei ebenfalls kein Beweis, denn auch männliche Kollegen hätten ihm diesen Dienst erwiesen.

Auch den Vorwurf des Mobbings wies das Bundesgericht zurück: Unter Mobbing verstehe man eine Reihe feindseliger Handlungen, die häufig und während längerer Zeit durchgeführt würden, mit dem Ziel, eine Person zu isolieren, auszugrenzen, ja sogar von ihrem Arbeitsplatz zu verdrängen. Damit man von Mobbing sprechen könne, genüge es nicht, dass die beruflichen Beziehungen konfliktbeladen seien und das Arbeitsklima schlecht. Es sei auch kein Mobbing, wenn eine Angestellte energisch und wiederholt – möglicherweise unter Androhung von Sanktionen – aufgefordert werde, ihre arbeitsvertraglichen Pflichten zu erfüllen, oder wenn sich ein Vorgesetzter nicht immer und überall perfekt gegenüber seinen Untergebenen verhalte. Die Klägerin habe sich, so das Gericht, seit 1995 durch ihr Verhalten selbst isoliert. Die Vorwürfe ihres Arbeitgebers beruhten auf objektiven Tatsachen und seien kein Vorwand, um die Klägerin aus dem Betrieb zu entfernen.

BGE 4C.276/2004, vom 12. Oktober 2004

273 000 Franken für die Gemeindeangestellte

Eine Büroangestellte arbeitete 14 Jahre lang klaglos in der Gemeindeverwaltung der Stadt Vevey, was ihr auch in einem Zeugnis bescheinigt wurde. Am 1. August 1995 bekam sie einen neuen Chef. Damit begannen die Probleme. Im Sommer 1996 beklagte sich die Angestellte erstmals bei ihrem Arbeitgeber über die konfliktbeladene Situation. Sie beanstandete, dass ihr Chef mit ihr nur noch per Zettel kommunizierte, auf denen er ihr mitteilte, was alles nicht funktioniere. Die Frau wurde mit der Zeit psychisch krank und konnte teilweise während Wochen, später während Monaten nicht mehr arbeiten.

Die Gemeindeverwaltung ihrerseits warf der Mitarbeiterin vor, es habe schon immer Schwierigkeiten mit ihr gegeben, und sie sei unfähig, sich an neue Arbeitsformen zu gewöhnen. Per Ende August 1997 wurde die Mitarbeiterin gekündigt. Ein paar Monate später sprach ihr die Pensionskasse der Gemeinde rückwirkend eine volle Invalidenrente ab Februar 1997 zu.

Die gerichtliche Beurteilung

Die gemobbte Frau klagte im Februar 1998 vor dem Waadtländer Zivilgericht. Ein Gutachten kam zum Schluss, dass tatsächlich Mobbing stattgefunden hatte. Der Chef habe sich geweigert, mit der Untergebenen über die Probleme zu sprechen. Er habe es vorgezogen, sie zu isolieren und unter Druck zu setzen, offenbar in der Absicht, sie zu einem Verlassen der Arbeitsstelle zu bewegen. Die Zettel, die er ihr hingelegt habe, seien in einem harten, autoritären Ton abgefasst gewesen. Die Verwendung von Grossbuchstaben oder Fettgedrucktem, um gewisse Befehle zu unterstreichen, sei völlig unnötig sowie beleidigend und erniedrigend gewesen, stellte das Gutachten fest. Dasselbe gelte für die extrem detaillierten Anweisungen, die er der Angestellten gab, die immerhin 15 Jahre in diesem Büro gearbeitet hatte. Einige Weisungen seien zudem widersprüchlich oder sinnlos gewesen. Das Gutachten hielt zwar auch fest, dass das Verhalten der Angestellten angesichts der Veränderungen im Betrieb nicht immer ideal gewesen sei, dass dies aber unter keinen Umständen ein derart deplatziertes, verletzendes Autoritätsgehabe rechtfertigen könne.

Das Waadtländer Kantonsgericht, welches den Fall in zweiter Instanz behandelte, beurteilte die Entlassung der Mitarbeiterin als missbräuchlich und sprach ihr ausserdem eine Genugtuung wegen Persönlichkeitsverletzung zu. Das Bundesgericht bestätigte das Urteil. Demnach muss die Gemeinde Vevey der entlassenen Mitarbeiterin eine Entschädigung von insgesamt 273 000 Franken bezahlen: Sechs Monatslöhne wegen missbräuchlicher Entlassung in Höhe von insgesamt

38 000 Franken, eine Genugtuung von 25 000 Franken sowie 210 000 Franken als Schadenersatz infolge Lohnausfalls.

BGE 4C.343/2003, vom 13. Oktober 2004

Fristlose Kündigung durch die Arbeitnehmerin wegen Mobbing

Die Klägerin arbeitete seit 17. April 1991 als kaufmännische Angestellte in einer Tanzschule. Im Dezember 2000 gab sie im Betrieb bekannt, dass sie schwanger sei. Von da an fühlte sie sich einem systematischen und aggressiven Mobbing ausgesetzt. Vom 16. März bis zum 29. Oktober 2001 war sie krank geschrieben. Danach erschien sie nicht mehr zur Arbeit.

Die gerichtliche Beurteilung

Im Mai 2002 belangte die Klägerin ihre frühere Arbeitgeberin vor dem Arbeitsgericht Olten-Gösgen, das die Arbeitgeberin am 11. Dezember 2003 verpflichtete, der Klägerin einen Betrag von über 20 000 Franken zu bezahlen sowie ihr ein Arbeitszeugnis mit einem bestimmten Inhalt auszustellen. Das Gericht kam zum Schluss, der Mobbingvorwurf sei begründet. So habe der Bürochef und Ehemann der Betriebsinhaberin ohne Angabe von Gründen von der Klägerin die Schlüssel herausverlangt, und es seien ihr ohne sachliche Begründung ein anderer Arbeitsplatz und ein anderes Arbeitsgebiet zugewiesen worden. Sodann habe die Arbeitgeberin die Klägerin unter krasser Missachtung des Mutterschutzes rund 14 Tage nach der Niederkunft zur Wiederaufnahme der Arbeit aufgeboten. Schliesslich habe sich die Arbeitgeberin in ihrer Korrespondenz mit der Klägerin eines Tones bedient, der an Herabwürdigung seinesgleichen suche, und auch im Verfahren nicht bewiesene, massive Anschuldigungen gegen die Klägerin vorgetragen. Für die Klägerin sei eine Wiederaufnahme der Arbeit unzumutbar gewesen.

Sowohl das Obergericht des Kantons Solothurn wie auch das Bundesgericht bestätigten das Urteil und kamen zum Ergebnis, der Bürochef habe die Klägerin auf eine Weise schikaniert, belästigt, kritisiert und ausgegrenzt, die als Mobbing zu qualifizieren sei. Die Klägerin habe somit das Recht gehabt, fristlos zu kündigen.

BGE 4C.309/2004, vom 10. November 2004

Genugtuung für persönlichkeitsverletzende Entlassung

In diesem Fall geht es zwar nicht um Mobbing, das Urteil ist jedoch auch für Mobbingopfer interessant: Erstmals wurde hier einem Angestellten eine Genugtuung zugesprochen, weil ihm auf eine Art und Weise gekündigt worden war, die das Gericht als persönlichkeitsverletzend betrachtete.

Der Kläger arbeitete seit Mai 1989 in einer Waadtländer Firma. Im Herbst 2001 geriet die Firma in wirtschaftliche Schwierigkeiten. Im Februar erhielt der Arbeiter die Kündigung auf Ende Juni 2002. Dabei wurde er am 21. Februar um 10.30 Uhr zum Direktor und Vorarbeiter gerufen. Nachdem ihm der Kündigungsbrief (mit sofortiger Freistellung) ausgehändigt worden war, begleitete ihn der Vorarbeiter zu seinem Arbeitsplatz, wo er seine persönlichen Sachen zusammenpacken und danach die Firma verlassen musste. Man liess ihm nicht einmal die Zeit, sich von seinen Arbeitskollegen zu verabschieden. Diese reagierten geschockt und stellten Vermutungen darüber an, was wohl zu dieser abrupten Kündigung geführt haben könnte. Erst am 27. Februar informierte die Firmenleitung, dass die Kündigung aus wirtschaftlichen Gründen ausgesprochen worden sei.

Die gerichtliche Beurteilung

Das Arbeitsgericht in Lausanne kam zum Schluss, dass die Art der Kündigung besonders brutal und beleidigend gewesen sei. Es habe überhaupt keinen Grund gegeben, weshalb der Angestellte nach immerhin 13 Jahren in der Firma seinen Arbeitsplatz Knall auf Fall habe verlassen müssen, noch dazu in Begleitung eines Vorgesetzten. Dass der Arbeitgeber ein paar Tage später den wahren Grund der Kündigung bekannt gegeben habe, vermöge die Persönlichkeitsverletzung nicht wieder gutzumachen. Denn in der Zwischenzeit hätten diverse Gerüchte zum Nachteil des Gekündigten die Runde gemacht. Auch der Sozialplan, von dem der Gekündigte profitieren konnte, änderte nichts an der schweren Persönlichkeitsverletzung. Dem Arbeiter wurden 2000 Franken als Genugtuung zugesprochen. Das Waadtländer Kantonsgericht und später das Bundesgericht bestätigten dieses Urteil.

BGE 4C.259/2004, vom 11. November 2004

Unzumutbare Degradierung zur Putzfrau

Die Klägerin trat im Oktober 1992 eine Stelle als Teilzeitverkäuferin an. Anlässlich ihres fünften Dienstjubiläums gratulierte ihr der Arbeitgeber und dankte ihr für den grossen Arbeitseinsatz. Einige Monate später suchte sie einen Arzt auf, der bei ihr eine Depression diagnostizierte, die mit der Situation am Arbeitsplatz zusammenhing. Im Juni 1998 hielt die Klägerin in einem Brief an den Arbeitgeber fest, dass sich ihre Arbeitsbedingungen seit dem Stellenantritt des neuen Filialleiters im Januar 1998 laufend verschlechtert hätten. Sie fühle sich durch ihn gemobbt und zu Unrecht kritisiert. In der Folge war die Klägerin längere Zeit arbeitsunfähig, teils infolge Krankheit, teils wegen eines Unfalls. Sie wurde auch von einem Vertrauensarzt des Arbeitgebers untersucht, welcher diesem mitteilte, die Angestellte leide gesundheitlich unter den Spannungen am Arbeitsplatz; es sei wichtig, hier so rasch wie möglich Abhilfe zu schaffen.

Am 11. Februar 2000 teilte der behandelnde Arzt dem Personalchef mit, dass die Klägerin ab 1. März wieder zu 60 Prozent arbeitsfähig sei. Der Arbeitgeber gab in einem Brief seiner Freude darüber Ausdruck, hielt aber fest, dass ihre bisherige Stelle unterdessen anderweitig vergeben worden sei. Er könne ihr eine Stelle in der Gebäudereinigung anbieten. Allerdings hätte die Klägerin hier wieder unter dem Chef arbeiten müssen, über den sich vor zwei Jahren beschwert hatte. Sie lehnte dies ab und bot ihre Arbeitskraft für eine Arbeit an, die ihrem Vertrag als Verkäuferin entspreche. Der Arbeitgeber wertete dies als Arbeitsverweigerung und erklärte das Arbeitsverhältnis per sofort als beendet.

Die gerichtliche Beurteilung

Sowohl das Arbeitsgericht wie auch das Walliser Kantonsgericht wiesen eine Klage der Arbeitnehmerin wegen missbräuchlicher Kündigung ab. Es sei für die Klägerin zumutbar gewesen, die umstrittene Arbeit wenigstens vorübergehend auszuführen, meinte das Kantonsgericht.

Das Bundesgericht sah dies anders: Es hielt fest, dass die Klägerin fünf Jahre zur vollen Zufriedenheit des Arbeitgebers gearbeitet hatte. Ihre Depressionen seien erst unter dem neuen Filialleiter aufgetreten. Der Arbeitgeber habe gewusst, dass das gespannte Verhältnis zwischen der Klägerin und ihrem Chef sich negativ auf ihre Gesundheit ausgewirkt habe. Unter diesen Voraussetzungen sei der Vorschlag, die Klägerin solle – auch nur für kurze Zeit – als Reinigungskraft unter eben diesem Filialleiter arbeiten, nicht akzeptabel. Ausserdem sei es verständlich, dass die psychisch bereits angeschlagene Frau die Putzstelle als Deklassierung empfunden habe. Das Bundesgericht kam zum Schluss, dass es sich im vorliegenden Fall um eine ungerechtfertigte fristlose Entlassung handelte und sprach der Klägerin eine Entschädigung in Höhe von drei Monatslöhnen zu – knapp 6000 Franken.

BGE 4C.155/2005, vom 6. Juli 2005

Kantonale Urteile

Arbeitgeber darf entscheiden, ob er Mobbingopfer oder Täter entlassen will

Zwischen der Klägerin und einer anderen Mitarbeiterin, einer Frau G., bestanden erhebliche Spannungen. Frau G. schrieb mehrmals an die Abteilungsleiterin, dass die Klägerin die verlangte Leistung nicht erbringe, äusserst langsam arbeite und nicht sehr aufnahmefähig sei. Offenbar informierte Frau G. die Klägerin ungenügend über interne Weisungen. Nachdem Vermittlungsversuche nichts nützten und die Lage sich immer mehr zuspitzte, wurde die Klägerin versetzt und schliesslich gekündigt.

Die gerichtliche Beurteilung

Das Arbeitsgericht kam zum Schluss, der Arbeitgeber sei seiner Pflicht, «Massnahmen zur Reduzierung der Reibungspunkte zwischen dem Mobbing-Täter und dem Mobbingopfer zu ergreifen», vollumfänglich nachgekommen. Nachdem auch die Versetzung die Situation nicht beruhigt habe, musste der Arbeitgeber davon ausgehen, dass der Konflikt «nur durch die Kündigung entweder des Arbeitsverhältnisses mit Frau G. oder desjenigen mit der Klägerin zu unterbinden ist.» Das Gericht kam zum Schluss: «Es ist zwar Aufgabe des Arbeitgebers, alles, was in seiner Macht steht, zu versuchen, um ein allfälliges Mobbing zu verhindern; dem Arbeitgeber kann jedoch nicht vorgeschrieben werden, welcher Arbeitnehmer zu entlassen ist, wenn zwischen zwei oder mehreren Arbeitnehmern ein unheilsamer Konflikt ausgebrochen ist.» Es müsse ihm erlaubt sein, denjenigen zu entlassen, der ihm weniger nütze. Ausserdem bestünde bei Entlassung des Täters die Gefahr, dass das Opfer von anderen weiter gemobbt werde, «denn die Persönlichkeitsstruktur und äusseren Auffälligkeiten einer Person sind dafür, dass sie zum Mobbingopfer wird, zumindest mitentscheidend».

Arbeitsgericht Zürich, 23. Januar 2002, bestätigt vom Obergericht am 24. Juni 2002

Kritische Beobachtung, aber kein Mobbing

Die Klägerin war Hausangestellte in einer privaten Klinik. Sie erhielt die Kündigung, nachdem sie ein Angebot, vom Hausdienst in die Lingerie zu wechseln, ausgeschlagen hatte. Als Kündigungsgründe wurden Differenzen über die Arbeitsweise und das Verhalten der Klägerin genannt. Die Klägerin klagte wegen Mobbing und missbräuchlicher Kündigung.

Die gerichtliche Beurteilung

Dem Gericht lagen zahlreiche Akten vor, welche die Arbeitsleistung und das Verhalten der Klägerin zwischen August 1999 und Juni 2000 akribisch dokumentieren, verfasst von der Vorgesetzten der Klägerin. Beanstandet wurden darin unter anderem Nichteinhalten von Putzplänen, falscher Einsatz von Putzmitteln, Nichteinhalten von Arbeitszeiten. Ausserdem wurde der Klägerin Schwatzhaftigkeit vorgeworfen: Sie habe beim Morgenrapport mehrfach Diskussionen vom Zaun gerissen, trotz klarer Anweisung, ihre Anliegen direkt an die Vorgesetzte zu richten und nicht im Morgenrapport zu nennen. Allerdings wurde in diesen Aktennotizen nicht bloss Kritik an der Klägerin geübt. Sie wurde auch gelobt, zum Beispiel was ihre Ordnung und Flexibilität betraf.

Laut Arbeitsgericht wurde aus den Dokumenten ersichtlich, dass die Arbeitgeberin bemüht gewesen sei, mit der Klägerin zusammen eine Lösung für die Probleme zu finden. Dabei wurde ihre Arbeitsleistung von der Vorgesetzten «zwar unüblich genau und sehr kritisch beobachtet» – so das Gericht wörtlich – «doch hinterlassen die Urkunden und Rapporte nicht den Eindruck der systematischen, grundlosen Kritik an ihrer Arbeit, insbesondere auch deswegen nicht, da die Klägerin auch Anerkennung für ihre Leistungen ausgesprochen wird». Ausserdem hätten die Vorgesetzten sich aktiv um eine Lösung bemüht und den Aufwand von zahlreichen persönlichen Gesprächen mit der Klägerin nicht gescheut. Zudem habe man ihr einen anderen Arbeitsplatz in der Lingerie angeboten. Die Kündigung sei damit nicht missbräuchlich.

Arbeitsgericht Zürich, 14. August 2002

Nicht jede schikanöse Weisung ist Mobbing

Ein Sicherheitsangestellter eines Kasinos klagte wegen missbräuchlicher Kündigung und Mobbing. Er hatte einen neuen Vorgesetzten bekommen, der strengere Regeln für das Personal eingeführt hatte. Der Angestellte beklagte sich über die arrogante und verächtliche Art, mit der der Chef ihn behandelt habe. Als besonders schikanös empfand er die Tatsache, dass sein Chef im Kasino-Restaurant ass, obwohl er dies seinen Untergebenen verboten hatte. Ausserdem habe er sie dazu gezwungen, während der Arbeit zu stehen. Auch die totale Gleichgültigkeit der Personalverantwortlichen ihm gegenüber sei ein Zeichen von Verachtung und Mobbing.

Die gerichtliche Beurteilung

Das Gericht kam zum Schluss, dass kein Mobbing vorliege. Die Kündigung sei ausgesprochen worden, weil man allgemein unzufrieden mit dem Kläger gewesen sei und weil er sich gegen die Reorganisation gewehrt habe. Der Kläger sei auch verwarnt worden, weil er während der Arbeitszeit nicht autorisierte Internetseiten angeschaut habe. Im Mitarbeitergespräch sei er als «genügend» qualifiziert worden, und er habe zugegeben, persönliche Probleme zu haben. Die Spannungen, die es zwischen dem neuen Chef und den Untergebenen gab, seien vom Arbeitgeber nicht ignoriert worden, es hätten Aussprachen stattgefunden.

Im Übrigen sei es das Recht eines Vorgesetzten, Weisungen zu erteilen. Die Untersuchung habe ergeben, dass der neue Sicherheitsverantwortliche unumstössliche Regeln aufstellte und damit Spannungen erzeugte. Er habe tatsächlich seine Chefposition besonders betont. Der Kläger sei aber nicht anders behandelt worden als seine Kollegen. Indem der Chef von allen Angestellten die Befolgung seiner Richtlinien verlangte, sei der Gleichbehandlungsgrundsatz nicht verletzt worden.

Appellationsgericht des Kantons Tessin, 12. September 2003

Unvereinbarkeit der Persönlichkeiten

Der Klägerin wurde gekündigt, kurz nachdem sie eine neue Vorgesetzte bekommen hatte. Offenbar hatten die zwei Frauen unterschiedliche Auffassungen, was die Ausführung des Jobs betraf. Laut Arbeitgeber führte das fehlende Vertrauensverhältnis zwischen den beiden zur Kündigung.

Die gerichtliche Beurteilung

Die Klägerin klagte wegen missbräuchlicher Kündigung. Sie berief sich auf den Bundesgerichtsentscheid vom 18. Dezember 2001 (siehe Seite 172) und machte sinngemäss geltend, der Arbeitgeber hätte vor einer Kündigung Massnahmen zur Wiederherstellung des Betriebsfriedens treffen müssen. Das Arbeitsgericht hingegen kam zum Schluss, dass hier ein anderer Sachverhalt vorliege als im erwähnten Bundesgerichtsentscheid. Es hätten keine offenen Konflikte vorgelegen, sondern allenfalls «atmosphärische Störungen». Zudem gab es weder Angriffe der Vorgesetzten auf die Persönlichkeit der Klägerin noch einseitige Schuldzuweisungen. Es handle sich lediglich um «inkompatible gegenseitige Persönlichkeitsstrukturen», weshalb die Basis für eine längerfristige Zusammenarbeit fehle. Darin liege keine Persönlichkeitsverletzung.

Das Gericht betonte, dass sowohl Art. 328 OR wie auch der zitierte Bundesgerichtsentscheid «mit Augenmass auszulegen und zu würdigen» seien. Man könne daraus nicht die Verpflichtung des Arbeitgebers herleiten, er müsse «vor einer Kündigung zunächst gleichsam ein Mediationsverfahren einleiten, wenn eine Vorgesetzte aufgrund der Unvereinbarkeit der Persönlichkeit keine erspriessliche Zusammenarbeit für möglich erachtet.» Die Kündigung sei daher nicht missbräuchlich.

Arbeitsgericht Zürich, 23. September 2003, bestätigt vom Obergericht am 10. Juli 2004

Rekordentschädigung für die städtische Angestellte

«Mobbing des Jahrhunderts» titelte eine Westschweizer Zeitung, als die Stadt Lausanne verurteilt wurde, einer ehemaligen Angestellten eine Entschädigung von über 800 000 Franken zu bezahlen. Ein Gutachten hatte ergeben, dass die Kadermitarbeiterin massiv gemobbt worden war. Schwe-

re Depressionen und Invalidität des Opfers waren die Folge. Entsprechend gross war damit auch der wirtschaftliche Schaden, den die Frau erlitten hatte.

Die gerichtliche Beurteilung

Das Urteil des Zivilgerichts in Lausanne umfasste über 200 Seiten und kam zum Schluss, dass die Klägerin insbesondere folgenden Mobbinghandlungen ausgesetzt gewesen war:

- Der Klägerin wurde in einem Brief vorgeworfen, sie sei schuld an der Erkrankung einer Mitarbeiterin. Ein Vorwurf, der durch nichts belegt war, wie das Gericht feststellte.
- Der Arbeitgeber wollte der Klägerin vertragsfremde, untergeordnete Arbeit zuweisen, und versuchte sie zu isolieren.
- Der Arbeitgeber weigerte sich, etwas zu unternehmen, und ging nicht darauf ein, als die Klägerin die Probleme bereinigen wollte.
- Der Arbeitgeber hielt sich teilweise nicht an getroffene Vereinbarungen.
- Der Arbeitgeber verwarnte die Klägerin auf eine Art und Weise, die sowohl in ihrer Form wie auch ihrem Inhalt nach unangemessen war.

Es sei typisch für Mobber, das Opfer mit verschiedenen Vorwürfen zu konfrontieren, ohne klar zu sagen, worum es eigentlich gehe, und in der Folge eine Klärung der Angelegenheit zu verhindern, hielt das Gericht unter anderem fest. Die Richter sahen es auch als erwiesen an, dass die gesundheitlichen Probleme der Klägerin durch das Mobbing verursacht wurden. Zwar ergaben die Untersuchungen, dass die Klägerin eine nicht gerade bequeme Mitarbeiterin war. Das Verhältnis zu Kollegen und Vorgesetzten sei schwierig gewesen. Dies könne jedoch die erwähnten Mobbinghandlungen in keiner Weise rechtfertigen, betonte das Gericht. Das schwierige, aber nicht unrechtmässige Verhalten der Klägerin könne den Arbeitgeber nicht von seiner Verantwortung entbinden.

Der Rekurs der Stadt Lausanne gegen dieses Urteil wurde abgewiesen.

Tribunal cantonal du Canton de Vaud, Chambre des recours, 27. Oktober 2004

Gemobbte Polizistin

Die Klägerin, Instruktorin bei der Stadtpolizei Zürich, wurde im Juli 2002 ihrer Kaderfunktion enthoben. Begründet wurde dies sinngemäss mit fachlichen Defiziten und mangelnden Führungsqualitäten. Die Polizistin wehrte sich beim Kommandanten der Stadtpolizei und beschwerte sich über sexuelle Belästigung durch ihren Vorgesetzten und über Mobbing seitens eines Kollegen. Nach einer internen Untersuchung wurde ihr Chef wegen sexueller Belästigung ermahnt und versetzt. Die Polizistin erhielt eine Genugtuung von 1000 Franken zugesprochen. Der Mobbingvorwurf wurde jedoch zurückgewiesen. Es handle sich nur um einen «schweren Arbeitskonflikt», der in der Wesensart beider Beteiligter zu suchen sei.

Die gerichtliche Beurteilung

Die Polizistin wehrte sich zunächst über mehrere Instanzen erfolglos. Erst das Verwaltungsgericht des Kantons Zürich stellte fest, dass «gegenüber der Klägerin Mobbing am Arbeitsplatz erfolgte, dass sie sexuell belästigt und schliesslich zu Unrecht ihrer Funktion als Gruppenleiterin entbunden worden sei». Ausserdem sei sie «aufgrund der schweren Angriffe auf ihre körperliche und seelische Integrität schwer erkrankt und arbeitsunfähig geworden». Das Gericht erachtete es als erwiesen, dass der Kollege die Polizistin wiederholt angegriffen, erniedrigt und sie vor Dritten blossgestellt und beleidigt hatte. So sagte er beispielsweise über die Polizistin, «dass sie noch zu haben und dies nur eine Frage der Bezahlung sei». In einem Bericht an den Vorgesetzten schwärzte er sie an, indem er zu Unrecht behauptete, sie habe während eines Studienaufenthalts im Ausland die Gastgeber mit ihrem Verhalten vor den Kopf gestossen. Ausserdem schrieb er, es fehle ihr das nötige Fachwissen und die Bereitschaft, Vorbild zu sein, er könne mir ihr nicht mehr zusammenarbeiten.

Das Verwaltungsgericht erachtete eine Erhöhung der Genugtuungssumme auf insgesamt 6000 Franken als angemessen.

Verwaltungsgericht Zürich, 8. Februar 2006

Anhang

- *Anlaufstellen*
- *Erstinstanzliche Gerichte für arbeitsrechtliche Streitigkeiten*
- *Musterbriefe*
- *Literatur*
- *Stichwortverzeichnis*

Anlaufstellen

Auf Mobbing spezialisierte Beratungsstellen

Mobbing-Zentrale Schweiz
Eisengasse 9d
3065 Bolligen
Tel. 031 921 11 09
www.mobbing-zentrale.ch

help
Beratungsstelle der GGG bei
psychischer Belastung am Arbeitsplatz
Steinenring 52
4051 Basel
Tel. 061 272 17 17
www.help-ggg.ch

Mobbing-Beratungsstelle Zürich
Josefstrasse 79
8005 Zürich
Tel. 044 450 10 16
www.mobbing-beratungsstelle.ch

Maria Ledergerber
Dunantstrasse 18
3006 Bern
Tel. 031 352 24 07
www.mobbingswiss.ch

Psychologisch-psychotherapeutische Praxis
Klaus Schiller-Stutz
Fachpsychologe / Psychotherapeut FSP
Kaltackerstrasse 17
8908 Hedingen
www.schiller-stutz.ch

Praxis für Unternehmensethik
Irene B. Richheimer
Balmisriedweg 1
4116 Metzerlen
Tel. 061 403 06 40
www.richheimer.org

Weitere Adressen spezialisierter
Psychologen, Ärzte und Rechtsanwälte
in Ihrer Region finden Sie unter
www.mobbing-zentrale.ch.

Nützliche Links

Links zum Thema Mobbing

www.mobbing-info.ch
Informationen und Adressen

www.rhetorik.ch/Mobbing/Mobbing.html
Beiträge von Marcus Knill, Knill+Knill Kommunikationsberatung

www.mobbing-net.de
Mobbing-Netzwerk (Deutschland)

www.vpsm.de
Verein gegen psychosozialen Stress und Mobbing (Deutschland)

Links für Stellensuche, Arbeitsrecht, Arbeitnehmerschutz

www.berufsberatung.ch
Infos zu Stellenmarkt, Laufbahnplanung und Weiterbildung

www.treffpunkt-arbeit.ch
Infos zu Arbeitslosigkeit und Stellensuche

www.arbeitsbedingungen.ch
Offizielle Seite des Staatssekretariats für Wirtschaft (seco). Themen: Arbeitsrecht, Arbeitsmarkt, Arbeit und Gesundheit

www.bluesearch.info
Hilfe bei Bewerbungen

www.w-a-b.ch Weiterbildungsangebote

www.praxis-info.ch
Beratungen und Therapien aller Art

www.admin.ch/ch/d/sr/sr.html
direkter Link zu allen Gesetzestexten

www.equality-office.ch
Seite des Eidg. Büros für die Gleichstellung von Frau und Mann. Datenbank mit dem Gleichstellungsgesetz, vielen nützlichen Erläuterungen und Links sowie den Entscheiden nach Gleichstellungsgesetz.

Rechtsberatung

Beobachter-Beratungszentrum
Das Wissen und der Rat der Fachleute zum Thema Arbeit und weiteren 7 Rechtsgebieten stehen im Internet und am Telefon zur Verfügung.
HelpOnline: rund um die Uhr im Internet unter www.beobachter.ch
Telefon: Mo bis Fr von 9 bis 13 Uhr. Direktnummer Fachbereich Arbeit: 043 444 54 01
Wer den Beobachter abonniert hat, profitiert gratis von der Beratung.
Wer kein Abo hat, kann online oder am Telefon eines bestellen und erhält sofort Zugang zu den Dienstleistungen.

Demokratische Juristinnen und Juristen der Schweiz (DJS)
Neuengasse 8, 3011 Bern, Tel. 031 312 83 34, www.djs-jds.ch

Kantonale Anwaltsverbände
Die Adresse und Sekretariate können erfragt werden bei: Schweizerischer Anwaltsverband, Marktgasse 4, 3001 Bern, Tel. 031 313 06 06, www.swisslawyers.com

Kantonale Arbeitsinspektorate

Mit einer Anzeige wegen Nichteinhaltung der arbeitsgesetzlichen Bestimmungen können Sie sich beim kantonalen Arbeitsinspektorat bei Mobbing Unterstützung holen (siehe Seite 105). Auf der Internetseite www.arbeitsinspektorat.ch finden Sie Informationen und Links zu den kantonalen Stellen.

AG Amt für Wirtschaft
und Arbeit AWA
Rain 53
5001 Aarau
Tel. 062 835 17 31

AI Arbeitsinspektorat
Regierungsgebäude
9102 Herisau
Tel. 071 353 64 70

AR Kantonales Arbeitsinspektorat
Regierungsgebäude
9102 Herisau
Tel. 071 353 64 70

BE Beco Berner Wirtschaft
Zentrale Dienste, Arbeits-
bedingungen, Arbeits-
vermittlung, Immissionsschutz
Laupenstrasse 22
3011 Bern
Tel. 031 633 57 50

BL Kantonales Amt für Industrie,
Gewerbe & Arbeit – KIGA
Bahnhofstrasse 32
4133 Pratteln 1
Tel. 061 826 77 77

BS Amt für Wirtschaft und Arbeit
4005 Basel
Tel. 061 267 87 87

GL Arbeitsinspektorat
des Kantons Glarus
Zwinglistrasse 6
8750 Glarus
Tel. 055 646 62 21

GR Amt für Industrie, Gewerbe & Arbeit
Graubünden
Grabenstrasse 9
7000 Chur
Tel. 081 257 21 21

LU Kantonale Industrie- und
Gewerbeaufsicht
Bundesplatz 14
6002 Luzern
Tel. 041 228 61 61

NW Amt für Arbeit
Arbeitsamt und Arbeitsinspektorat
Dorfplatz 7a
6371 Stans
Tel. 041 618 76 54

OW Technische Inspektorate
St. Antonistrasse 4
6061 Sarnen
Tel. 041 666 63 36

SG Kantonales Amt für Wirtschaft
Abteilung Arbeitsinspektorat
Unterstrasse 22
9001 St. Gallen
Tel. 071 229 35 39

SH Kantonales Arbeitsinspektorat
Mühlentalstrasse 105
8200 Schaffhausen
Tel. 052 632 74 82

SO Amt für Wirtschaft und Arbeit
Abteilung Arbeitsinspektorat
Untere Sterngasse 2
4509 Solothurn
Tel. 032 627 94 26

SZ Kantonales Arbeitsinspektorat
Bahnhofstrasse 15
6431 Schwyz
Tel. 041 819 11 24

TG Amt für Wirtschaft und Arbeit
Arbeitsinspektorat
Kirchgasse 4
8510 Frauenfeld
Tel. 052 724 28 85

UR Amt für Arbeit und Migration
Abteilung Industrie und Gewerbe
Arbeitsinspektorat
Klausenstrasse 4
6460 Altdorf
Tel. 041 875 24 05

ZG Kantonales Amt für Wirtschaft
und Arbeit
Arbeitsinspektorat
Aabachstrasse 5
6301 Zug
Tel. 041 728 55 30

ZH Amt für Wirtschaft und Arbeit AWA
Arbeitsbedingungen
Nansenstrasse 16
8050 Zürich
Tel. 043 259 91 31

Schlichtungsstellen nach Gleichstellungsgesetz

Wenn Sie am Arbeitsort von Diskriminierung betroffen sind, können Sie sich an folgende Stellen wenden. Diese beraten Sie und versuchen, mit den Parteien eine Einigung herbeizuführen. Auf der Internetseite des Eidgenössischen Gleichstellungsbüros www.equality-office.ch finden Sie nähere Informationen und Links zu den kantonalen Schlichtungsstellen. Stichwortsuche unter → Recht → Gleichstellungsgesetz → Schlichtungsstellen.

AG Schlichtungsstelle
für Gleichstellungsfragen
Lotty Fehlmann Stark
Obere Vorstadt 14
5001 Aarau
Tel. 062 835 12 16

AI Kantonale Schlichtungsstelle
c/o Volkswirtschaftsdepartement
Appenzell Innerrhoden
Marktgasse 2
9050 Appenzell
Tel. 071 788 96 61

AR Vermittlerämter der Gemeinden

BE Kantonale Schlichtungskommission
gegen Diskriminierungen
im Erwerbsleben
Staatskanzlei
Postgasse 68
3000 Bern 8
Tel. 031 633 75 11

BL Schlichtungsstelle für
Diskriminierungsstreitigkeiten
im Erwerbsleben
Bahnhofstrasse 5
4410 Liestal
Tel. 061 925 66 56

BS Kantonale Schlichtungsstelle
für Diskriminierungsfragen
Utengasse 36
4005 Basel
Tel. 061 267 88 36

FR Commission cantonale
de conciliation
c/o Bureau de l'égalité
et de la famille
Rue des Chanoines 17
CP, 1701 Fribourg
Tel. 026 305 23 85

GL Kantonale Schlichtungsstelle
c/o Direktion des Innern
Zwinglistrasse 6
8750 Glarus
Tel. 055 646 68 00

GR Kantonale Schlichtungsstelle
für Gleichstellungsfragen
c/o Advokaturbüro Ursula Herold
Quaderstrasse 8
7000 Chur
Tel. 081 353 52 52

JU Conseil de Prud'hommes
Château
2900 Porrentruy JU
Tel. 032 465 33 70

Tribunal administratif
Château
2900 Porrentruy
Tel. 032 465 33 70

LU Schlichtungsstelle
Zentralstrasse 28
6002 Luzern
Tel. 041 228 65 60

NW Schlichtungsstelle Nidwalden
in Verfahren nach
Gleichstellungsgesetz
Rathausplatz 1
6371 Stans
Tel. 041 618 79 60

OW Kantonales Einigungsamt
Poststrasse 6
6061 Sarnen
Tel. 041 666 62 35

SG Schlichtungsstelle
für Klagen nach dem
Gleichstellungsgesetz
Engelgasse 2
Marktplatz
9004 St. Gallen
Tel. 071 222 77 52

SH Kantonale Schlichtungsstelle
bei Diskriminierungen
im Erwerbsleben
Herrenacker 26
8201 Schaffhausen
Tel. 052 632 75 18

SO *Für privatrechtliche Arbeitsverhältnisse:*

Oberamt Region Solothurn
Rötistrasse 4
4501 Solothurn
Tel. 032 627 75 25

Für öffentlich-rechtliche Arbeitsverhältnisse:

Vermittlungskommission für öffentlich-rechtliche Anstellungsverhältnisse
Personalamt des Kanton Solothurn
Rathaus
Barfüssergasse 24
4509 Solothurn
Tel. 032 627 20 83

SZ Kantonale Schlichtungsstelle bei Diskriminierungsstreitigkeiten im Erwerbsleben
6431 Schwyz
Tel. 041 811 66 77

TG Schlichtungsstelle des Kantons Thurgau nach Gleichstellungsgesetz
Bahnhofstrasse 8
8580 Amriswil
Tel. 071 411 10 70

UR Kantonale Schlichtungsstelle
c/o Fachstelle für Frauenfragen der kantonalen Verwaltung
Tellsgasse 1
6460 Altdorf
Tel. 041 875 22 44

VS *Für privatrechtliche Arbeitsverhältnisse:*

Service social de protection des travailleurs et des relations du travail
Rue des Cèdres 5
1950 Sion
Tel. 027 606 74 21

Für öffentlich-rechtliche Arbeitsverhältnisse:

Schlichtungskommission
Avenue Château de la Cour 4
3960 Sierre
Tel. 027 456 25 25

ZG Volkswirtschaftsdirektion des Kantons Zug
Schlichtungsstelle für die Gleichstellung von Frau und Mann
Verwaltungsgebäude 1
Aabachstrasse 5
6301 Zug
Tel. 041 728 55 06

ZH Kantonale Schlichtungsstelle für Streitigkeiten über Diskriminierungen im Erwerbsleben
Sekretariat bei der Direktion der Justiz und des Innern
Mühlequai 10
8090 Zürich
Tel. 043 259 46 36

CH Schlichtungskommission für Gleichstellungsfragen für das Bundespersonal
Eigerstrasse 71
3003 Bern
Tel. 031 322 63 25

Erstinstanzliche Gerichte für arbeitsrechtliche Streitigkeiten

Viele erstinstanzliche Gerichte bieten auch Rechtsberatung an, die Sie in Anspruch nehmen können, wenn Sie in Zusammenhang mit Mobbing juristische Fragen haben. Im Internet sind die meisten erstinstanzlichen Gerichte auf der Homepage des jeweiligen Kantons zu finden. Suchen Sie beispielsweise das Kantonsgericht Appenzell Ausserrhoden, wählen Sie www.ar.ch → Gerichte → Kantonsgericht.

AG Arbeitsgericht Aarau
Kasinostrasse 5
5001 Aarau
Tel. 062 836 56 36

Arbeitsgericht Baden
Bezirksgebäude
Ländliweg 2
5400 Baden
Tel. 056 200 13 10

Arbeitsgericht Bremgarten
Rathausplatz 1
5620 Bremgarten
Tel. 056 648 75 51

Arbeitsgericht Brugg
Hauptstrasse 60
5201 Brugg
Tel. 056 441 78 50

Bezirksgericht Kulm
Bezirksgebäude
5726 Unterkulm
Tel. 062 768 55 55

Arbeitsgericht Laufenburg
Gerichtsgasse 85
5080 Laufenburg
Tel. 062 874 12 47

Arbeitsgericht Lenzburg
Metzgplatz 18
5600 Lenzburg
Tel. 062 886 01 70

Arbeitsgericht Muri
Seetalstrasse 8
5630 Muri
Tel. 056 675 85 55

Arbeitsgericht Rheinfelden
Hermann-Keller-Strasse 6
4310 Rheinfelden
Tel. 061 836 83 36

Arbeitsgericht Zofingen
Bahnhofplatz
Untere Grabenstrasse 30
4800 Zofingen
Tel. 062 745 12 36

Arbeitsgericht Zurzach
Hauptstrasse 50
5330 Zurzach
Tel. 056 269 73 01

AI Bezirksgericht Appenzell
Unteres Ziel 20
9050 Appenzell
Tel. 071 788 95 51

Bezirksgericht Oberegg
Unteres Ziel 20
9050 Appenzell
Tel. 071 788 95 51

AR Kantonsgericht
Appenzell Ausserrhoden
Fünfeckpalast
9043 Trogen
Tel. 071 343 64 04

BE Arbeitsgericht der Stadt Bern
mit Anschlussgemeinden
Waisenhausplatz 25
4. Stock
3000 Bern 7
Tel. 031 321 77 55

Arbeitsgericht der Stadt Biel
und Anschlussgemeinden
Alexander-Schöni-Strasse 18
2501 Biel
Tel. 032 326 25 83

Arbeitsgericht Interlaken
Rugenparkstrasse 2
3800 Interlaken
Tel. 033 823 41 21

Tribunal du travail
Rue de l'Hôtel-de-Ville 1
2740 Moutier
Tel. 032 494 11 25

Arbeitsgericht der Stadt Thun
Marktgasse 17
3602 Thun
Tel. 033 222 00 73

Kreisgerichte:

Gerichtskreis I
Courtelary-Moutier-La Neuveville
Rue du Château 9
2740 Moutier
Tel. 032 494 56 62

Gerichtskreis II
Biel-Nidau
Amthaus
Spitalstrasse 14
2501 Biel
Tel. 032 344 57 62

Gerichtskreis III
Aarberg-Büren-Erlach
Amthaus
Stadtplatz 33
3270 Aarberg
Tel. 032 391 23 43

Gerichtskreis IV
Aarwangen-Wangen
Schloss
Jurastrasse 90
4912 Aarwangen
Tel. 062 919 02 34

Gerichtskreis V
Burgdorf-Fraubrunnen
Schloss
Schlossgässli 1
3400 Burgdorf
Tel. 034 427 88 44

Gerichtskreis VI
Signau-Trachselwald
Amthaus
Dorfstrasse 21
3550 Langnau i. E.
Tel. 034 408 18 58

Gerichtskreis VII
Konolfingen
Schloss
Schlossweg 10
3082 Schlosswil
Tel. 031 710 51 51

Gerichtskreis VIII
Bern-Laupen
Amtshaus
Hodlerstrasse 7
3011 Bern
Tel. 031 634 32 11

Gerichtskreis IX
Schwarzenburg-Seftigen
Schloss
Dorfstrasse 23
3123 Belp
Tel. 031 810 10 60

Gerichtskreis X
Thun
Schloss
Schlossberg 1
3601 Thun
Tel. 033 227 69 20

Gerichtskreis XI
Interlaken-Oberhasli
Schloss
3800 Interlaken
Tel. 033 826 41 30

Gerichtskreis XII
Frutigen-Niedersimmental
Schloss
Oberdorfstrasse 129
3752 Wimmis
Tel. 033 657 80 80

Gerichtskreis XIII
Obersimmental-Saanen
Amthaus
3792 Saanen
Tel. 033 748 62 20

BL Bezirksgericht Arlesheim
Domplatz 5
4144 Arlesheim
Tel. 061 705 62 41

Bezirksgericht Sissach & Gelterkinden
Hauptstrasse 108/110
4450 Sissach
Tel. 061 985 17 30

Bezirksgericht Laufen
Amtshaus
Hintere Gasse 52
4242 Laufen
Tel. 061 765 37 55

Bezirksgericht Liestal
Gerichtsgebäude
Bahnhofplatz 16
4410 Liestal
Tel. 061 925 57 94

Bezirksgericht Sissach
Hauptstrasse 110
4450 Sissach
Tel. 061 976 90 40

Bezirksgericht Waldenburg
Hauptstrasse 72
4437 Waldenburg
Tel. 061 961 00 11

BS Zivilgericht Basel-Stadt
Bäumleingasse 5
4051 Basel
Tel. 061 267 81 81

FR Bezirksgericht der Sense
Schwarzseestrasse 5
1712 Tafers
Tel. 026 305 74 12

GL Gerichtskanzlei
(für Kantons- und Obergericht)
Gerichtshaus, Spielhof 6
8750 Glarus
Tel. 055 645 25 25

GR Bezirksgericht Albula
7450 Tiefencastel
Tel. 081 681 22 36

Bezirksgericht Bernina
Via della Pesa 234
7742 Poschiavo
Tel. 081 834 60 42

Bezirksgericht Hinterrhein
Rathaus
7430 Thusis
Tel. 081 650 07 30

Bezirksamt Imboden
Tircal 14
7013 Domat/Ems
Tel. 081 633 12 54

Bezirksgericht Inn
Sot Pradè 220
7554 Sent
Tel. 081 864 93 33

Bezirksgericht Maloja
Quadratscha 1
7503 Samedan
Tel. 081 852 18 17

Tribunale distretto Moesa
6535 Roveredo
Tel. 091 827 33 66

Bezirksgericht Plessur
Poststrasse 14
7002 Chur
Tel. 081 252 34 68

Bezirksgericht Prättigau/Davos
Doggilochstrasse 29
7250 Klosters
Tel. 081 420 27 00

Bezirksgericht Surselva
Via Centrala 4
7130 Ilanz
Tel. 081 920 00 40

Bezirksgericht Unterlandquart
Schulstrasse 1
7302 Landquart
Tel. 081 300 00 60

LU Arbeitsgericht des Kantons Luzern
Zentralstrasse 28
6002 Luzern
Tel. 041 228 65 60

NW Obergericht
Rathausplatz 1
6371 Stans
Tel. 041 618 79 70

OW Arbeitsgericht
Poststrasse 6
6061 Sarnen
Tel. 041 666 62 38

SG Kreisgericht Alttoggenburg-Wil
Altes Schützenhaus
Weierstrasse 9
9500 Wil
Tel. 071 913 91 61

Kreisgericht Gaster-See
Bahnhofstrasse 4
8730 Uznach
Tel. 055 285 91 30

Kreisgericht
Untertoggenburg-Gossau
Bahnhofstrasse 12
9230 Flawil
Tel. 071 394 18 18

Kreisgericht
Obertoggenburg-Neutoggenburg
Hauptgasse 21
9620 Lichtensteig
Tel. 071 988 40 33

Kreisgericht Rheintal
Obergasse 27
9450 Altstätten
Tel. 071 757 83 10

Kreisgericht Rorschach
Mariabergstrasse 15
9401 Rorschach
Tel. 071 846 82 50

Kreisgericht
Werdenberg-Sargans
Kirchstrasse 31
8887 Mels
Tel. 081 720 00 50

SH Kantonsgericht Schaffhausen
Herrenacker 26
8200 Schaffhausen
Tel. 052 632 74 32

SO Kantonales Richteramt
Bucheggberg-Wasseramt
Amthaus 1
4502 Solothurn
Tel. 032 627 73 80

Richteramt
Dorneck-Thierstein
Amthausstrasse 15
4143 Dornach
Tel. 061 706 28 45

Richteramt
Olten-Gösgen
Römerstrasse 2
4603 Olten
Tel. 062 311 88 18

Richteramt
Solothurn-Lebern
Amthaus 2
4502 Solothurn
Tel. 032 627 73 55

Richteramt Thal-Gäu
Schmelzihof
Wengimattstrasse 2
4710 Balsthal
Tel. 062 311 90 81

SZ Bezirksgericht Einsiedeln
Eisenbahnstrasse 20 a
8840 Einsiedeln
Tel. 055 418 74 34

Bezirksgericht Gersau
Ausserdorfstrasse 7
6442 Gersau
Tel. 041 829 70 68

Bezirksgericht Höfe
Roosstrasse 3
8832 Wollerau
Tel. 044 786 73 73

Bezirksgericht March
Bahnhofplatz 3
8853 Lachen
Tel. 055 451 22 31

Bezirksgericht Küssnacht
Unterdorfstrasse 13
6403 Küssnacht
Tel. 041 854 02 10

Bezirksgericht Schwyz
Hauptplatz 1
6431 Schwyz
Tel. 041 819 67 68

TG Bezirksgericht Arbon
Gerichtspräsidium
Rathaus
Rathausgasse 1
9320 Arbon
Tel. 071 447 88 33

Bezirksgericht Bischofszell
Marktgasse 11
9220 Bischofszell
Tel. 071 422 16 37

Bezirksgericht Diessenhofen
Azenwiesstrasse 21
8255 Schlattingen
Tel. 052 625 12 77

Bezirksgericht Frauenfeld
Kanzlei
Ringstrasse 19
8500 Frauenfeld
Tel. 052 724 18 40

Bezirksgericht Kreuzlingen
Kanzlei
Hauptstrasse 5
8280 Kreuzlingen
Tel. 071 677 04 50

Bezirksgericht Münchwilen
Kanzlei
Wilerstrasse 23
9542 Münchwilen
Tel. 071 966 16 55

Bezirksgericht Steckborn
Hauptstrasse 24
8268 Mannenbach-Salenstein
Tel. 071 664 20 06

Bezirksgericht Weinfelden
Bahnhofstrasse 24
8570 Weinfelden
Tel. 071 626 17 47

UR Landesgericht Uri
Rathausplatz 2
6460 Altdorf
Tel. 041 875 22 66

Landesgericht Ursen
Kirchgasse 12
6490 Andermatt
Tel. 041 887 04 55

VS Arbeitsgericht
des Kantons Wallis
Rue du Cèdre 5
1951 Sion
Tel. 027 606 74 41

ZG Kantonsgericht des Kantons Zug
Gerichtsgebäude an der Aa
Aabachstrasse 3
6301 Zug
Tel. 041 728 52 00

ZH Arbeitsgericht
Wengistrasse 30
8004 Zürich
Tel. 044 248 28 45

Arbeitsgericht Winterthur
Lindstrasse 10
8400 Winterthur
Tel. 052 268 54 86

Bezirksgerichte:

Bezirksgericht Affoltern am Albis
Im Grund 15
8910 Affoltern am Albis
Tel. 044 762 15 11

Bezirksgericht Andelfingen
Thurtalstrasse 1
8450 Andelfingen
Tel. 052 304 20 10

Bezirksgericht Bülach
Spitalstrasse 13
8180 Bülach
Tel. 044 863 44 33

Bezirksgericht Dielsdorf
Spitalstrasse 7
8157 Dielsdorf
Tel. 044 854 88 11

Bezirksgericht Hinwil
Ringwilerstrasse 12
8340 Hinwil
Tel. 044 938 81 11

Bezirksgericht Horgen
Burghaldenstrasse 3
8810 Horgen
Tel. 044 728 52 22

Bezirksgericht Meilen
8706 Meilen
Tel. 044 924 21 21

Bezirksgericht Pfäffikon
Hörnlistrasse 55
8330 Pfäffikon ZH
Tel. 044 952 41 11

Bezirksgericht Uster
Gerichtsstrasse 17
8610 Uster
Tel. 044 905 41 11

Bezirksgericht Winterthur
Lindstrasse 10
8400 Winterthur
Tel. 052 268 54 86

Bezirksgericht Zürich
8026 Zürich
Tel. 044 248 21 11

Musterbriefe

Bitte um einen Gesprächstermin mit dem Chef

(wenn Kollegen mobben)

Esther Klar
(Adresse)

(Adresse Arbeitgeber)

(Ort, Datum)

Zusammenarbeit

Sehr geehrter

Wie ich Ihnen gegenüber schon mündlich angedeutet habe, ist es in letzter Zeit immer wieder zu Konflikten und Reibereien mit Herrn X und Frau Y gekommen. Das Verhalten dieser Kollegen belastet mich zusehends und beeinträchtigt auch unsere Zusammenarbeit.

Ich habe mich bemüht, die Situation zu bereinigen und mit den beiden Kollegen eine Einigung zu finden, leider ohne Erfolg. Ich bitte Sie daher möglichst rasch um einen Gesprächstermin.

Mit freundlichen Grüssen

Esther Klar

Bitte um einen Gesprächstermin mit dem Chef

(wenn Sie sich vom Chef gemobbt fühlen)

Franz Ernst
(Adresse)

(Adresse Arbeitgeber)

(Ort, Datum)

Zusammenarbeit

Sehr geehrter

Ich habe seit einiger Zeit den Eindruck, dass unsere Kommunikation und Zusammenarbeit gestört ist. Ich fühle mich von Ihnen immer wieder zu Unrecht kritisiert und auch als Person in Frage gestellt. Diese Situation belastet mich sehr.

Grundsätzlich arbeite ich gerne in der Firma X und identifiziere mich voll und ganz mit ihren Zielen. Es ist mir sehr viel an einer fruchtbaren und erfolgreichen Zusammenarbeit gelegen. Ich bitte Sie daher um einen baldigen Termin, damit wir die erwähnten Probleme besprechen können.

Mit freundlichen Grüssen

Franz Ernst

Aufforderung an Arbeitgeber, Abhilfe gegen Mobbing zu schaffen

Kurt Frieden
(Adresse)

(Adresse Arbeitgeber)

(Ort, Datum)

Ihre Fürsorgepflicht als Arbeitgeberin

Sehr geehrte

Ich habe Sie bereits mehrmals darauf angesprochen, dass ich an meinem Arbeitsplatz von einigen Kollegen (oder: von meinem direkten Vorgesetzten) unkorrekt behandelt und schikaniert werde. In der Beilage finden Sie eine Aufstellung der Vorfälle, die ich als Angriffe auf meine persönliche Integrität betrachte.

Leider haben Gespräche bis jetzt keine Besserung gebracht. Ich ersuche Sie als Arbeitgeberin daher auf diesem Wege, umgehend Abhilfe zu schaffen. Aufgrund von Artikel 328 OR sind Sie dazu verpflichtet, meine persönliche Integrität als Arbeitnehmer zu schützen und dazu die nötigen Massnahmen zu treffen.

Selbstverständlich bin ich bereit, alles zu tun, um zu einer gütlichen Einigung beizutragen. Für konstruktive Gespräche stehe ich jederzeit zur Verfügung.

Mit freundlichen Grüssen

Kurt Frieden

Protestbrief gegen eine fristlose Entlassung

Gertrud Gut
(Adresse)

(Adresse Arbeitgeber)

(Ort, Datum)

Protest gegen fristlose Entlassung

Sehr geehrter

Sie haben mich heute Donnerstag, 23. März 2006, ohne wichtigen Grund fristlos entlassen. Dagegen protestiere ich. Da Sie gegen meinen Willen auf meine weitere Mitarbeit verzichten, werde ich eine neue Stelle suchen. Von Ihnen fordere ich Ersatz für den mir entstandenen Schaden. Sollte diesbezüglich keine gütliche Einigung möglich sein, werde ich ohne weiteres beim Arbeitsgericht Klage gegen Sie einreichen.

Mit freundlichen Grüssen

Gertrud Gut

Protestbrief gegen missbräuchliche Kündigung

Heiner Gross
(Adresse)

(Adresse Arbeitgeber)

(Ort, Datum)

Protest gegen Kündigung

Sehr geehrter

Hiermit protestiere ich gegen Ihre Kündigung vom 14. Februar 2006. Sie erfolgte nur wenige Tage, nachdem ich mich gegen Schikanen am Arbeitsplatz gewehrt und an Ihre Fürsorgepflicht als Arbeitgeber appelliert hatte.

Diese Kündigung ist missbräuchlich, weil ich nichts anderes getan habe, als meine gesetzlichen Rechte als Arbeitnehmer wahrzunehmen. Falls Sie nicht bereit sind, die Kündigung zurückzunehmen, werde ich vor Arbeitsgericht eine Entschädigung einfordern.

Mit freundlichen Grüssen

Heiner Gross

Protestbrief bei Annahmeverzug

Pia Sauber
(Adresse)

(Adresse Arbeitgeber)

(Ort, Datum)

Vertragliches Arbeitspensum

Sehr geehrter

Sie haben mir heute Morgen mitgeteilt, dass ich ab sofort nur noch drei Tage pro Woche arbeiten kann. (Alternative: In letzter Zeit ist es immer wieder vorgekommen, dass ich wegen zu wenig Arbeit vorzeitig nach Hause geschickt wurde.) Ich halte in diesem Zusammenhang fest, dass wir vereinbart haben, dass ich jeweils Montag bis Donnerstag bei Ihnen arbeite. In den letzten zwei Jahren wurde dies auch regelmässig so gehandhabt. Mit einer Reduktion meines Pensums bin ich nicht einverstanden. Ich biete Ihnen daher meine Arbeit ausdrücklich im vertraglich vereinbarten Umfang an. Sollten Sie auf einen Teil meiner Arbeitsleistung verzichten, habe ich gemäss Art. 324 OR trotzdem meinen vollen Lohn zugute.

Mit freundlichen Grüssen

Pia Sauber

Literatur

Beobachter-Ratgeber

Arbeitslos – was tun? 3., aktualisierte Auflage, Beobachter-Buchverlag, Zürich 2005

Alt-Marín, Alois; von Flüe, Karin; Knellwolf, Peggy A.; Senn, Jürg; Strub, Patrick: ZGB für den Alltag. Kommentierte Ausgabe aus der Beobachter-Beratungspraxis. 6., aktualisierte Neuausgabe, Beobachter-Buchverlag, Zürich 2006

Ammann, Karin: Time-out. Ausstieg auf Zeit. So klappts mit Job, Geld, Wohnung. Beobachter-Buchverlag, Zürich 2005

Baumgartner, Gabriela: Schreiben leicht gemacht. Brief- und Vertragsmuster für den Alltag. Beobachter-Buchverlag, Zürich 2006

Bräunlich Keller, Irmtraud: Arbeitsrecht. Vom Vertrag bis zur Kündigung. 9., aktualisierte Auflage, Beobachter-Buchverlag, Zürich 2006

Bräunlich Keller, Irmtraud; Ruedin, Philippe; Christen, Urs: OR für den Alltag. Kommentierte Ausgabe aus der Beobachter-Beratungspraxis. 5., aktualisierte Neuausgabe, Beobachter-Buchverlag, Zürich 2006

Bräunlich Keller, Irmtraud: So klappts mit der Lehre. Lehrstellensuche, Rechte am Arbeitsplatz. Beobachter-Buchverlag, Zürich 2006

Gmür, Pascale; Kessler, Helga: Wege aus der Depression. So finden Betroffene und ihre Angehörigen Hilfe. 2., erweiterte und aktualisierte Auflage, Beobachter-Buchverlag, Zürich 2005

Haas Esther; Wirz, Toni: Mediation. Konflikte lösen im Dialog. 2., erweiterte und aktualisierte Auflage, Beobachter-Buchverlag, Zürich 2006

Kaiser, Christian: Lernen und Arbeiten in Europa. So nutzen Sie die neuen Chancen in der EU. Beobachter-Buchverlag, Zürich 2003

Kieser, Ueli; Senn, Jürg: Invalidität. Alles über Renten, Rechte und Versicherungen. 2., aktualisierte Auflage, Beobachter-Buchverlag, Zürich 2005

Kieser, Ueli; Senn, Jürg: Pensionskasse. Vorsorge, Finanzierung, Sicherheit, Leistung. Beobachter-Buchverlag, Zürich 2005

Meier, Isabelle; Rohner, Koni: Gesund werden mit Psychotherapie. So finden Sie Hilfe. Beobachter-Buchverlag, Zürich 2006

Winistörfer, Norbert: Ab ins Ausland! Im Ausland leben, reisen, studieren, arbeiten. 6., aktualisierte Auflage, Beobachter-Buchverlag, Zürich 2006

Zanoni, Urs: Krankenkasse. Was Gesunde und Kranke wissen müssen. Beobachter-Buchverlag, Zürich 2005

Zellweger, Regula: Berufliche Perspektiven ab 40. Die eigene Laufbahn gestalten – ein Leitfaden. 3., aktualisierte Auflage, Beobachter-Buchverlag, Zürich 2004

Zellweger, Regula: Lust auf Weiterbildung. So treffen Sie die richtige Wahl. 2., aktualisierte Auflage, Beobachter-Buchverlag, Zürich 2005

Alle Beobachter-Ratgeber finden Sie im Internet unter: www.beobachter.ch/buchshop

Weiterführende Literatur zum Thema Mobbing

Ducret, Véronique: Sexuelle Belästigung – was tun? Ein Leitfaden für Betriebe. Vdf Hochschulverlag AG, Zürich 2004

Hirigoyen, Marie-France: Mobbing – Wenn der Job zur Hölle wird. Deutscher Taschenbuch Verlag, München 2004

Leymann, Heinz: Mobbing. Psychoterror am Arbeitsplatz und wie man sich dagegen wehren kann. Rowohlt, Reinbek bei Hamburg 1993

Litzcke, Sven Max; Schuh, Horst: Stress, Mobbing und Burn-out am Arbeitsplatz. Springer-Verlag, Heidelberg 2005

Pöhm, Matthias: Frauen kontern besser. So werden Sie richtig schlagfertig. Redline, 2006

Rehbinder, Manfred: Psychoterror am Arbeitsplatz – Mobbing und Bossing und das Arbeitsrecht. In: Gruter, Margaret; Rehbinder, Manfred (Hrsg.): Gewalt in der Kleingruppe. Stämpfli Verlag AG, Bern 1997

Rosenberg, Marshall B.: Konflikte lösen durch gewaltfreie Kommunikation. Herder GmbH, Freiburg 2004

Schiller-Stutz, Klaus: Mobbing und Arbeitsplatzkonflikte. Psychosozialen Stress erkennen – konstruktiv lösen – vorbeugen. SPEKTRAmedia, Zürich 2005

Schulz von Thun, Friedrich: Miteinander reden. Bände 1 bis 3. Rowohlt Taschenbuch Verlag, Reinbeke bei Hamburg 2005, 1989, 1998

Vögeli, Nicole C.: Sexuelle Belästigung am Arbeitsplatz im privatrechtlichen Arbeitsverhältnis. Verlag Rüegger, Zürich 1996

Watzlawick, Paul: Anleitung zum Unglücklichsein. Piper Verlag GmbH, München 2005

Zapf, Dieter: Mobbing in Organisationen. Überblick zum Stand der Forschung. In: Zeitschrift für Arbeits- und Organisationspsychologie, Heft 1/1999, Hogrefe Verlag, Göttingen

Stichwortverzeichnis

GUT BERATEN

ARBEITSRECHT

Dieses neue Handbuch der Beobachter-Arbeitsrechtsspezialistin verschafft den Durchblick. Es enthält leicht verständliche Informationen, konkrete Beispiele, Tipps sowie rechtliche Grundlagen und wegweisende Gerichtsurteile. Was gehört in einen Arbeitsvertrag? Was tun bei einer Lohnkürzung? Wie läuft es mit Überstunden? Wie kündige ich korrekt? Wie kann ich mich wehren?

SBN 3 85569 350 1
272 Seiten

SO KLAPPTS MIT DER LEHRE

Dieser Ratgeber begleitet Jugendliche beim Einstieg in die Berufswelt. Ob Berufswahl oder Lehrstellensuche – beim ersten Kontakt mit der Arbeitswelt stellen sich unzählige Fragen. Auch Eltern, die ihre Kinder während dieser Phase unterstützen möchten, finden in diesem Buch wertvolle Ratschläge. Mit vielen Mustervorlagen, Checklisten, nützlichen Tipps sowie rund 100 Adressen und Links.

ISBN 3 85569 354 4
128 Seiten

BUCHSET OR UND ZGB FÜR DEN ALLTAG

Das Schweizerische Obligationenrecht und das Zivilgesetzbuch des Beobachters sind die einzigen Gesetzbücher, die ausführliche Kommentare und Erläuterungen enthalten: ideal für Alltag, Studium und Beruf. Mit neuem Stiftungsrecht und Änderungen im Sachenrecht sowie aktualisierten Texten zu Kauf- und Arbeitsvertrag, Bürgschaften und Kulturgütertransfergesetz.

ISBN 3 85569 339 0
2 Bände im Set

www.beobachter.ch/buchshop **Beobachter**

GUT BERATEN

BERUFLICHE PERSPEKTIVEN AB 40

Umstrukturierungen im Betrieb, eine Familienpause oder Sinnfragen im Leben – es gibt viele Gründe, sich beruflich neu zu orientieren. Dank den vielen praktischen Anleitungen im Buch können Sie Ihren Zukunftsplan selber erarbeiten. Denn Laufbahnplanung ist heute der Schlüssel zu einem befriedigenden Berufsleben.

ISBN 3 85569 297 1
128 Seiten

LUST AUF WEITERBILDUNG

Den passenden Lehrgang finden, verborgene Talente entdecken oder Wissenslücken schliessen? Dieses Buch zeigt, wie man es am besten anpackt. So finden Sie das auf Sie zugeschnittene Weiterbildungsangebot. Mit über 60 Adressen, Links und Tipps.

ISBN 3 85569 328 5
128 Seiten

SO POSITIONIEREN SIE SICH IM BERUFSLEBEN

Die Erfolgsautorin Regula Zellweger zeigt, wie ein persönliches PR-Konzept beruflichen Erfolg bringt. Mit psychologischem Gespür und vielen konkreten Handlungsanleitungen ist dieses Handbuch der ideale Begleiter für alle, die sich in der Berufswelt behaupten wollen.

ISBN 3 85569 270 X
144 Seiten

www.beobachter.ch/buchshop **Beobachter**